Hans Joachim Tute

SCHLOSS SCHWÖBBER

GESCHICHTE UND GEGENWART

BY QUENSEN

Die deutsche Bibliothek verzeichnet diese Publikation in der deutschen Nationalbibliographie.
Bibliographische Daten sind im Internet über www.dnb.ddb.de abrufbar.
Herausgeber: F. Popken
Text und Bearbeitung: H. Joachim Tute
Satz und Druck: Quensen, Druck und Verlag, Hildesheim, Lamspringe

Printed in Germany ISBN 3-922805-89-2

INHALT

VORWORT
Seite 5

DIE GESCHICHTE DES SCHLOSSES
UND SEINER GÄRTEN
VON DER RENAISSANCE BIS ZUR ROMANTIK
Seite 7

SCHWÖBBER IM 19. JAHRHUNDERT
Seite 73

VERFALL UND NEUBEGINN
Seite 79

LITERATUR
Seite 122

BILDNACHWEIS
Seite 125

VORWORT

Unter den architektonischen Besonderheiten des Landes spielt Schwöbber als Schloss der Weserrenaissance seit langem eine gewichtige Rolle. Neben den anderen Bauwerken der Renaissance tritt es darüber hinaus als Ort hervor, der mit der Geschichte der Familie von Münchhausen verbunden ist. Diese Familie wurde vor allem durch Hieronymus von Münchhausen, den so genannten „Lügenbaron", bekannt, der in Bodenwerder lebte, einem kleinen Ort, der von Schwöbber wenige Kilometer entfernt ist.

Dem Anwesen in Schwöbber bei Aerzen verschaffte vor allem Otto I. von Münchhausen Berühmtheit, als er dort im Jahre 1716 den Zaren von Russland, Peter den Großen, begrüßte und durch seine exotische Pflanzensammlung führte, in der es Kaffeebäume, Drachenbäume, 300 Orangenbäumchen – und vor allem die Ananaskultur zu bewundern galt.

Der Sohn Otto I., wiederum Otto genannt, begründete vier Jahrzehnte nach dem Besuch des Zaren einen der frühesten Gärten nach englischem Vorbild auf dem europäischen Festland und wurde über das sechsbändige Werk „Der Hausvater" in Deutschland als einer der ersten Agrar- und Gartenschriftsteller bekannt. Der Park von Schwöbber war damals ein Garten mit einer Pflanzensammlung, die wegen der Vielfalt seltener nordamerikanischer Arten Maßstäbe setzte und zur Verbreitung dieser Arten in deutschen Landschaftsgärten erheblich beigetragen hat. Mit ihrer Vielfalt an ausgewählten Pflanzenarten aus Indien und China sowie anderen exotischen Ländern übertraf sie sogar einige der für ihre Pflanzenschätze bekannten Gärten Englands.

Als um 1919 Eduard Meyer Schwöbber erwarb, führte dieser jene botanische Sammlung weiter und ließ durch seinen Architekten zusätzlich eine Gartenneuanlage schaffen, die als architektonischer Garten mit italienischen Einflüssen zu den bemerkenswertesten Anlagen dieser Art in Deutschland gehört.

Schwöbber war somit in den vergangenen mehr als 400 Jahren seiner Geschichte immer ein Ort, der nicht nur durch die Architektur seines Schlosses ausgezeichnet war, sondern auch durch die Persönlichkeit seiner früheren Besitzer und deren Leidenschaft für Gärten und Pflanzen.

Da Schwöbber eine so lange Zeit über die Grenzen des Landes hinaus bekannt war, musste es vielen, die das Anwesen noch aus schönen Tagen kannten, umso bedauerlicher erscheinen, dass sich am Schloss und vor allem im Park um 1980 zunehmend Zeichen des Verfalls bemerkbar machten: Die Parkwege waren, weil die Pflege erheblich reduziert wurde, in der bald vorherrschenden Wildnis zugewachsen und nicht mehr auffindbar; auch Sichtachsen wuchsen zu; Graftenmauern und Bastionen wurden baufällig, ebenso das Bootshaus, die Mühle, der Eiskeller, die Parkmauern oder die Parkbrücken. Das Glashaus an der Südostgraft war eingefallen. Bald auch stürzte dann die schöne Pergola am Parterregarten ein. Als um 1990 im Park ein Pitch- und Puttplatz für den angrenzenden großen Golfplatz entstand, war die Parkanlage als Golfplatz, der sich sogar in den Parterregarten ausbreitete, auch in der historischen Nutzung nicht mehr ablesbar – bzw. ästhetisch längst verödet und banalisiert. Als in der nachfolgenden Zeit schließlich die ersten Bastionärsbauten und Graftenmauern einstürzten, Parkmauern von einem neuen Besitzer eingerissen wurden, die Graften längst zum Erlenbruchwald geworden waren und schließlich im Jahre 1992 das Schloss brannte und zehn Jahre später die brandgeschwärzten Innenräume der betroffenen Flügel noch immer Nässe und Kälte ungeschützt ausgesetzt waren, mag mancher wohl damals die Hoffnung längst aufgegeben haben, dass dieses einst schöne Ensemble noch zu retten war.

Dass der dem Anwesen unmittelbar bevorstehende völlige Verfall abgewendet wurde und Schwöbber nach nur zwei Jahren der Wiederinstandsetzung wieder an die eingangs beschriebene Bedeutung von Schloss und Park anknüpfen kann, ist das Verdienst des Unternehmerehepaares Ulla und Friedrich Popken, die Schwöbber im Jahre 2002 erwarben, um in seinen Mauern ein 5-Sterne Hotel einrichten zu lassen.

Ihnen ist auch zu verdanken, dass die Innenräume des Schlosses eine stilgerechte schöne Gestaltung fanden und die Zehntscheune sowie die alte Mühle einer jeweils neuen Nutzung zugeführt werden konnten. Die historische Gartenanlage, die fast verfallen war, nimmt nach umfangreichen Nachpflanzungen, der Freilegung ehemaliger Sichten und nach der Wiederherstellung des Wegenetzes aus der Zeit um 1920 jetzt wieder jenes Bild an, das vom einstigen Besitzer Eduard Meyer und seinen Planern Wangenheim und Zeininger beabsichtigt war. Darüber hinaus war es möglich, dem völlig vernachlässigten Gartenteil westlich des Gotischen Tores ein neues Gestaltbild zu geben.

Insoweit sind im Schloss wie auch im alten und im neuen Parkteil die Ideen und Vorstellungen des damaligen Besitzers wie auch der heutigen Eigentümer gemeinsam sichtbar. In Verbindung mit der neuen Nutzung des Schlosses als Hotel und der Parkanlage als Hotelpark ist damit erreicht, dass eine vielfältige Geschichte erlebbar bleibt und dennoch neue Entwicklungen hinzugekommen sind, so dass nicht nur eine museale, sondern individuelle, kulturvolle und lebendige Fortsetzung und Entwicklung des Anwesens ermöglicht wurde, die den besonderen Reiz der Anlage bestimmt.

DIE GESCHICHTE DES SCHLOSSES UND SEINER GÄRTEN VON DER RENAISSANCE BIS ZUR ROMANTIK

Das im Bebertal unweit von Hameln gelegene Schloss Schwöbber gehört zu den wichtigsten Schlössern des Weserraumes. Wer von Osten kommend in Groß Berkel von der Bundesstraße 1 abbiegt, um in Richtung Lemgo weiterzufahren, wird es bald auf der linken Seite im Tal liegen sehen, umgeben von einem schönen Park und zugleich umgeben von einer schönen Landschaft, die noch fast überall die Erinnerung an frühe Zeiten möglich macht.

Im Bereich des heutigen Schlosses und des an der vorbeiführenden Straße gelegenen Ortes befand sich schon im 12. Jahrhundert eine Bebauung, wie aus älteren Quellen bekannt ist. Dieser Ort nannte sich ursprünglich Scwickere (1189), später auch Swicbera, Swicbere, Swebere, Swecbere oder Swobber. In den Jahren 1270 und 1279 wurde nach dieser ersten Siedlung, die sicherlich nur einige wenige Häuser oder einen einzelnen Hof umfasste, eine Ritterfamilie von Schwöbber benannt. Hierzu gehörte zum Beispiel der Knappe Ludolf von Schwöbber. Auch ein Gerhard von Schwöbber und seine Tochter besaßen um 1320 Güter in Schwöbber. Wo das Rittergut gelegen war, ist unklar. Möglicherweise lagen die Baulichkeiten auf dem Südufer der Beber, d.h. im Grenzbereich zwischen den feuchten Wiesen und dem höher gelegenen fruchtbaren Ackerland, das in jener Zeit vermutlich noch weit mehr als heute durch kleine und große Waldungen gegliedert war. Im 14. Jahrhundert wurde Schwöbber unter den Dörfern genannt, die Holz für den Bau der Weserbrücke in Hameln lieferten. Das heutige Landschaftsbild mit den großen ackerbaulich genutzten Flächen im Tal und auf den begleitenden Höhen von Multhöpen deutet sehr wahrscheinlich jene Gliederung an, die ab dem 14. Jahrhundert geschaffen worden war und seitdem umfassende Veränderungen nicht mehr erfuhr.

Die Familie Münchhausen, die die Geschichte Schwöbbers in den vergangenen Jahrhunderten wesentlich prägte, wird erstmalig 1183 in einer Urkunde des Klosters Loccum bezeugt – d.h. 20 Jahre nach der Gründung des Klosters. Dessen erster Vorsteher Gerhard von Münchhausen stammte sehr wahrscheinlich aus dem unweit von

Loccum gelegenen Munkhausen, einer kleinen Siedlung, die bereits um 1350 zur Wüstung geworden war. Da das Wappen der Familie – zu sehen zum Beispiel an der Schlosszufahrt und im Gartenteil an der Ahornwiese – einen Zisterziensermönch abbildet, könnte es sein, dass hiermit Gerhard von Münchhausen dargestellt ist.
Ebenso möglich ist allerdings auch, dass das Wappen den Loccumer Mönch Heino von Hausen zeigt, über den Ludolf von Münchhausen Anfang des 16. Jahrhunderts berichtet: „weil aber desselben Stamm erloschen und von der Schwertlinie nicht einer mehr am Leben war, von dem ganzen Geschlecht nur noch einer dieser Mönch Heino, ist er gen Rom gezogen und hat beide, Papst und Kaiser, um Dispensation und Licention angefleht, dass er möchte ehelich werden. Ist deshalb von seinem Gelübde absolvieret, hat geehelicht und Kinder gezeugt, die man nun aber, da er ein Mönch gewest ist, nicht von Hausen, sondern von Münchhausen genennet. All das geschah im Jahr 1112." Danach würde die Gründung der Familie auf den Beginn des 12. Jahrhunderts zurückgehen.
Um 1300 spaltete sich die Familie in eine sog. weiße und eine schwarze Linie auf, jeweils benannt nach dem Stammvater Heineko – der wahrscheinlich schwarzhaarig war – und dem Stammvater Justatius (Staats), der weiße Haare besaß.
Am erfolgreichsten waren die „schwarzen" Münchhausen, die bald schon im Gebiet der mittleren Weser, in Aerzen, Rinteln, Steyerberg, Schwöbber, Voldagsen, Posteholz und Bodenwerder Güter erwarben. Aus der Familie der in Bodenwerder ansässigen von Münchhausens erwuchs im 18. Jahrhundert jener Karl Friedrich Hieronymus von Münchhausen (1720–1797), der durch seine Lügengeschichten vermutlich ganz ungewollt als sog. „Lügenbaron" zu einer internationalen Berühmtheit wurde. Diesen Ruhm erwarb er allerdings tatsächlich erst durch den Kasseler Professor Rudolf Erich Raspe (1737–1794), der die frühen Geschichten des Barons als Basis eines Buches nutzte, die Geschichten ausweitete und ins Englische übersetzte, um sie anonym 1785 in London zu veröffentlichen: „Baron Muenchhausens Narrative of his Marvellous Travels and Campaigns in Russia". Dieses Buch, das der Dichter Gottfried August Bürger (1747–1894) später um weitere erfundene Geschichten ergänzte, fand bald fast überall Verbreitung – nicht nur in Europa, sondern auch in außereuropäischen Ländern. Hieronymus von Münchhausen, über dessen unglaubliche Reisen in alle Welten während des 20. Jahrhunderts auch Filme gedreht wurden, blieb hingegen persönlich sein ganzes Leben im Land an der Weser. Seine weitesten Reisen führten ihn nach Hameln und Hannover sowie gelegentlich zur adligen Verwandtschaft nach Schwöbber, wo er die dortige berühmte Pflanzensammlung bewunderte.

Im Jahre 1510 verlieh das Bistum Hildesheim Stats von Münchhausen (1485 – 1518) die Hälfte von Schloss und Amt Aerzen. Die Familie gelangte dadurch in den Besitz von drei Meierhöfen in Schwöbber sowie 13 Hufen Land. Als im Jahre 1517 der Hildesheimer Bischof auch die andere Hälfte des Amtes Aerzen Münchhausen übertrug, entstand Streit mit Heinrich von Hardenberg, dem bisher diese Hälfte als Pfand zugestanden hatte. Zeitgenössischen Berichten zufolge wurde Staats aus Aerzen vertrieben und auf der Flucht kurz vor Steuerwald – das heute zur Stadt Hildesheim gehört – von seinen Gegnern ermordet und in die Innerste geworfen.

Sein Sohn Hilmar von Münchhausen, der 1512 in Aerzen geboren wurde und als Sechsjähriger den Vater verlor, war zunächst für den geistlichen Stand bestimmt und sollte einen Domherrenstuhl in Hildesheim besteigen. Er entwickelte jedoch größere Interessen für das Kriegshandwerk und warb anstelle einer geistlichen Laufbahn Söldner und Landsknechte an, um sie jeweils kriegsführenden Mächten anzubieten – die dann hohe Preise für geleistete Kriegsdienste zu zahlen hatten. Entsprechend kämpfte der Feldobrist Hilmar von Münchhausen 1542 unter Herzog Heinrich von Wolfenbüttel gegen Sachsen und Hessen, 1556 bis 1558 unter König Philipp II von Spanien in den Niederlanden gegen Frankreich und 1559 bis 1564 für Dänemark und Brandenburg gegen Schweden. In den Niederlanden führte er fast das gesamte deutsche Fußvolk an und hatte entscheidenden Anteil an den Siegen bei St. Quentin und Gravelingen. Da Hilmar während der Kämpfe in Holland aus der niederländischen Rentkammer jährlich 1200 Taler Sold bezog, Markgraf Johann von Brandenburg jährlich 500 Taler zahlte und er 14870 Taler für den Feldzug gegen Schweden erhielt, wurde er bald zu einem der reichsten Männer des Landes. Neben Soldforderungen erhöhten seinen Reichtum auch Lösegeldzahlungen für gefangengenommene Offiziere.

Das Geschäft des Krieges betrieb er ohne viel nach Recht und Unrecht zu fragen – jeweils vor allem mit dem Ziel des Geldgewinns.

Fast 40 Jahre nach der Ermordung seines Vaters vor Hildesheim erwarb Hilmar 1564 vom Braunschweiger Herzog Erich dem Jüngeren Schloss und Amt Aerzen für 23686 Goldgulden als Pfandherrschaft zurück und begann wenig später mit dem Bau großer Schlösser in Rinteln, Lauenau und Leitzkau sowie nicht zuletzt in Schwöbber, das sein Alterssitz werden sollte.

Die Erlaubnis zum Bau eines Adelssitzes im Beberbachtal bei Königsförde und Aerzen erhielt er vom Herzog mit der Auflage, das Bauwerk nicht stärker als andere Schlösser zu befestigen. Um beginnen zu können, galt es allerdings zunächst, in Verhandlungen mit den drei Meiern Schwöbbers zu treten, um die Räumung oder auch Verlagerung von Höfen zu erreichen, die dem Projekt entgegenstanden. Insoweit konnte erst nach Abräumung des Baufeldes mit dem Schlossbau begonnen werden, d.h. um das Jahr 1570. Aus den verfügbaren historischen Quellen geht hervor, dass die Mühle westlich des Schlosses bereits früher bestand, d.h. spätestens ab 1569. Als Korn- und Sägemühle diente sie ursprünglich den Meierhöfen. Insoweit ist der Mühlenbau als Hinweis auf eine Bebauung zu verstehen, die dem Schlossgebäude und seiner Errichtung zeitlich voranging.

Hilmar von Münchhausen erlebte die Fertigstellung seines Schlosses nicht. Er ist 1573 in Nienburg beerdigt worden. Das Gemälde eines alten Epitaphs in der dortigen Martinikirche zeigt ihn im Gebet mit seiner Gemahlin, seinen Söhnen und seinen Töchtern.

Das Erbe des Obristen wurde auf seine Söhne Hilmar d. J., Staats (Statius), Otto und Hans aufgeteilt. Während Staats seinen Erbteil insbesondere für den Bau des Schlosses Bevern nutzte, führte Hilmar der Jüngere den Schlossbau in Schwöbber fort, indem er bis 1588 den Magazinflügel und 1604 zusätzlich den Teichflügel vollenden ließ, der den Rittersaal aufnahm und in späteren Jahren auch als Herrenhaus bezeichnet wurde.

Der einstöckige Rittersaal war in der Art der Renaissance prächtig ausgestattet, d.h. mit einer Kassettendecke, mit Ahnenbildern und schönen Gobelins. Beim Brand des Schlosses im Jahre 1908 ging dieser Raum samt einigen angrenzenden Zimmern leider verloren. Die Bedeutung des Teichflügels als Wohn- und Repräsentationsbau wird in der künstlerischen Durcharbeitung der einzelnen Bauteile, vor allem des Ostgiebels und der Nordfassade, deutlich.

Wer der Architekt war, ist nicht bekannt. Nach O. Gaul (1954) wird vermutet, dass Eberhard Wilkening den Entwurf lieferte. Den Mittelbau, der zeitlich vor dem Teichflügel entstand, errichtete Cord Tönnis, ein im Weserraum vielbeschäftigter Baumeister, der in Hameln zugleich das Leistsche Haus baute und in Detmold das von Jörg Unkair begonnene Schloss zu Ende führte. Tönnis schuf mit dem Mittelbau in Schwöbber ein vor allem nach Westen hin eher schlicht und fast noch mittelalterlich-burgartig abgeschlossen wirkendes Gebäude. Da im 16. Jahrhundert an dieser Stelle keine Brücke über die Graft führte – wie heute – muss insoweit damals aus der Sicht des Gartens der Eindruck einer durchaus wehrhaften Baulichkeit entstanden sein. Wesentlich reicher und eindeutig im Stil der Renaissance waren die Giebel und die Hofseite des Gebäudes gestaltet.

Der 1588 unter Hilmar von Münchhausen errichtete Magazin- oder Torflügel diente ursprünglich vorwiegend zur Unterbringung von Dienstleuten sowie von Gerätschaften, Pferden und Wagen, während das Dachgeschoss als Kornboden für die Zehntfrucht aus Grupenhagen genutzt wurde. Oberhalb der Tordurchfahrt finden sich die Wappen des Hilmar von Münchhausen und seiner Ehefrau Dorothea, geb. von Münchhausen. Da sich bereits im 17. Jahrhundert ein Wirtschaftsgebäude nach Osten an den Torflügel anschloss, d.h. im Bereich der heutigen Pergola, war der schöne Renaissancegiebel ab jener Zeit nicht vollständig sichtbar. Erst im Zusammenhang mit der Beseitigung des Wirtschaftsgebäudes im Jahre 1921 ist der Giebel wieder vollständig freigestellt worden.
Ähnlich wie am Teichflügel diente auch am Torflügel ein achtseitiger Treppenturm als Zugang.
Die in die Hofecken gestellten Türme, die den Mittelbau charakteristisch rahmen, sind im Weserraum ein vergleichsweise häufig anzutreffendes Funktions- und Gestaltelement an Schlössern des 16. Jahrhunderts. Sie finden sich z.B. am Schloss Varenholz (begonnen 1542), am Schloss Neuhaus (im Renaissancestil erweitert um 1524) oder an der Hämelschenburg (begonnen 1556), so dass ersichtlich wird, dass Schwöbber diesbezüglich kein frühes, sondern eher ein spätes Beispiel bietet. Der erste Wendeltreppenturm in einem Schloss des Weserraumes dürfte wohl 1501 in Münden errichtet worden sein.
Dass Schwöbber zu den eher späten Beispielen der „Weserrenaissance“ gehört, wird auch an dem Fehlen markanter bzw. noch festungsartiger Eckausbildungen erkennbar, die z.B. für Varenholz oder für Schloss Neuhaus noch typisch sind, die nicht nur im Hof Treppentürme, sondern auch an den nach außen gerichteten Ecken große Turmbauten besitzen und damit weit mehr als Schwöbber auf die Herkunft des Schlossbaus aus dem mittelalterlichen Burgenbau verweisen.
Dennoch ist Schwöbber kein Beispiel dafür, dass man sich bei seinem Bau schon vollständig von Sicherheitsüberlegungen abwenden konnte, die andernorts oft wenige Jahrzehnte zuvor noch zu hermetischen Abschirmungen von Schlössern bzw. zu festungsartigen Anlagen geführt hatten, wie z.B. im nahegelegenen Pyrmont (Baubeginn des Renaissancebaus 1526). Dieses wird vor allem an den Graften, Bastionen, Eskarpen und Kontereskarpen in Schwöbber deutlich, die das Schloss bis heute auf allen Seiten umgeben. Allerdings wird auch feststellbar, dass die ehemaligen Wehrbauten in Schwöbber im Hinblick auf die damals schon fortgeschrittene Waffentechnik einem Angreifer wohl nur kurze Zeit hätten standhalten können, weshalb die

Frage entsteht, weshalb das Schloss seinerzeit überhaupt noch von einer Verteidigungsanlage umgeben wurde. Der Hinweis auf die Forderung des Landesherrn, das Schloss nicht stärker zu befestigen als andere Schlösser, dürfte als Erklärung sicherlich nicht ausreichen. Es ergibt sich daher die Frage, ob Hilmar von Münchhausen zum Zeitpunkt der Schlossplanung nicht bereits eine befestigte Hofanlage vorfand, die er zwar als militärisch unbedeutend einschätzte – die er jedoch auch nicht abtragen wollte, da ein geringer Nutzen noch bestand.
Als in Schwöbber während des 30-jährigen Krieges eine Belagerung bevorstand, ist dieser Gefahr seinerzeit über eine Geldzahlung begegnet worden.
Im frühen 17. Jahrhundert war die Ansicht des Schlossbezirks vor allem aus östlicher und aus südlicher Richtung noch von größerer baulicher Geschlossenheit, da die Schlossinsel nicht nur die eigentlichen Schlossgebäude, sondern zugleich Lagerhäuser, Stallgebäude und auch ein Brauhaus aufnahm. Eine Übersicht von Südosten zeigt der bekannte Merianstich aus dem Jahre 1653.
Gänzlich anders als heute gestaltete sich damals noch die Erschließung des Schlossbezirks, da der Zufahrtsweg an der Mühle zugleich die einzige Ausfahrtmöglichkeit in Richtung Königsförderstraße darstellte. Wer zum Schloss wollte, hatte zunächst ein schmales Tor an der Kapelle zu durchschreiten. Von dort gelangte der Besucher dann in einen von Gebäuden umstandenen Vorhof, der sich im Nordteil zur Zugbrücke hin öffnete, über die schließlich der Schlosshof erreicht wurde. Die heute an der Brückenzufahrt vorhandene Mauer mit dem alten steinernen Familienwappen begrenzt das Grundstück spätestens seit 1710. Die Darstellung des Merianstichs lässt vermuten, dass parallel zum Verbindungsweg von der Kapelle zur Brücke ursprünglich ein Haus bestand.
Auch die heutige Kapelle, die um 1840 eine alte wahrscheinlich baufällig gewordene Fachwerkkapelle ersetzte, kann nur bedingt an die einstige Situation erinnern. Von Interesse ist in jedem Fall, dass ihr Bau nicht mit dem des Schlosses verbunden wurde, sondern mit dem des Haupttores am Beginn des Vorhofs, d.h. an einer in mittelalterlicher Zeit bei Burgen oft gewählten Stelle. Wie bekannt, steht auch an der von Schwöbber nicht weit entfernten Hämelschenburg die Kapelle außerhalb des eigentlichen Schlossbezirks. Die Anordnung der Kirche am Eingang zum Schloss deutet darauf hin, dass das Bauwerk bei Gottesdiensten nicht nur von der Schlossgesellschaft, sondern auch von den Landleuten aus der Umgebung genutzt wurde.

BLICK AUF DAS SCHLOSS VON NORDOSTEN
Die Ansicht des Schlosses ist seit der Fertigstellung des Teichflügels im Jahre 1604 so gut wie unverändert.

Oben: SCHLOSSHOF IN SCHWÖBBER
Rechts: ZUGANG ZUR SCHLOSSINSEL
Folgende Doppelseite: ANSICHT DES SCHLOSSES VON OSTEN

Links: RITTERSAAL IM TEICHFLÜGEL
Der Rittersaal entstand 1920 – 22 nach dem Entwurf des Architekten v. Wangenheim
Oben: KAMIN DER RENAISSANCEZEIT
Der Kamin aus dem Jahre 1606 ist um 1920 aus dem Obergeschoss in den neuen Rittersaal versetzt worden.

Oben: GROSSE TREPPE IM RITTERSAAL
Rechts: DECKENBILD IM RITTERSAAL
Die Ausmalung der Saalwände und der Decke übernahm der Maler Oskar Wichtendahl

Oben: BANKETTSAAL
Der Saal entstand um 1922 im neobarocken Anbau
Rechts: GEMÄLDE IM BANKETTSAAL
Das aus dem 18. Jahrhundert stammende Bild zeigt den Markusplatz in Venedig. Es ist einem italienischen Maler zuzuschreiben

Oben: TEICHFLÜGEL / AUSSTATTUNGSBEISPIEL
Der 1602 – 04 entstandene Teichflügel ist im Inneren um 1922 erneuert worden

Wer als Besucher heute auf das Schloss zutritt, wird im Regelfall geneigt sein, das Bauwerk stilgeschichtlich der Renaissance, vielleicht auch der so genannten Weserrenaissance zuzuordnen. Diese Feststellung ist grundsätzlich zutreffend, bedarf jedoch auch der Erläuterung, da die Gebäude neben klassischen Formen der Renaissance auch Architekturformen erkennen lassen, die früheren Kulturepochen entstammen. Dieses zeigt sich zum Beispiel an den steilen und hohen Dächern wie vor allem in der Giebelarchitektur, in der die gotischen Staffelgiebel noch zu erkennen sind, wenngleich die für das Mittelalter typischen scharfwinkligen Stufungen bereits mit Schnecken und Voluten in schwingende Form gebracht wurden. Besonders an den Giebeln wird insoweit deutlich, wie damals in architektonischen Kleinformen versucht wurde, gotisches Bauempfinden zu überwinden.

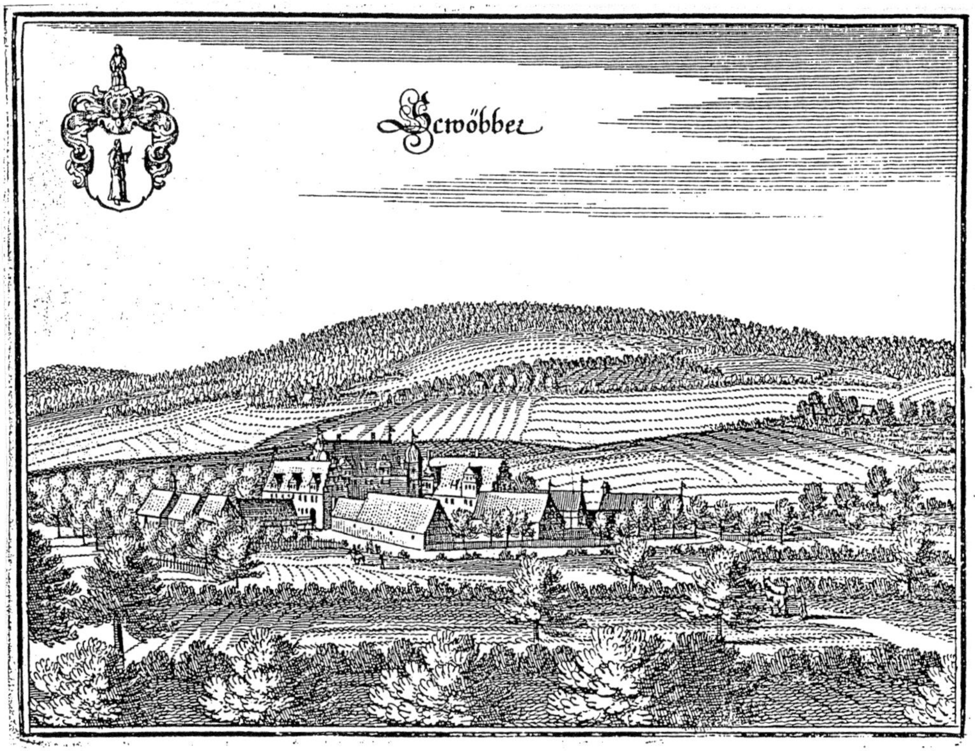

Schloss Schwöbber, Kupferstich von M. Merian 1654

Die Häufung von Schmuckelementen an den Giebeln und die Durchbildung des architektonischen Zierrats deuten auf niederländische Einflüsse. Indem die Giebelseiten in der Ansicht vor den Gebäudelängsseiten gestalterisch betont sind, wird auch hiermit sichtbar, dass die Abkehr von den Architekturauffassungen der vorhergehenden Zeiten keineswegs abgeschlossen war. Dieses zeigt sich insbesondere – wie bereits bemerkt – an der Westansicht des Mittelbaus, die noch fast mittelalterlich schlicht gestaltet wurde – jedenfalls nicht als Schauwand.

Schon weiter entwickelt ist demgegenüber die Hoffassade des Mittelbaus. Für die Renaissance typisch ist dort vor allem die Betonung der Horizontalen, die jedoch eher dünnlinig ist und an diesem Detail erkennen lässt, wie sehr sich die deutsche von der italienischen und zum Teil auch von der französischen Renaissance letztlich unterschied. Die Hauptwirkung geht an den Gebäudelängsseiten eher von den Erkern und Zwerchgiebeln aus, die offenbar das architektonische Thema der großen Schaugiebel auf die Hofseiten und die sonstigen Längsseiten „herumziehen" sollten, damit deren Ansichten in ähnlicher Weise wie die Giebelansichten hervortreten konnten. Hier vor allem wirkte sich das Interesse der damaligen Zeit aus, den Baukörper als harmonisch wirkende ästhetische Einheit aufzufassen, eine Tendenz, die vor allem in der italienischen Renaissance ihren Höhepunkt fand.

Die gezielt harmoniebetonte Baugestaltung, die ein Wesenszeichen der Renaissance ist, zeigte sich auch darin, dass der zur Repräsentation gedachte Teichflügel ein fast gleiches Außenbild zeigt wie der südliche Magazinflügel, der nur Ställe und Lager aufnahm oder als Wohnung für das Gesinde diente. In der mittelalterlichen Baukultur war es hingegen üblich, den Repräsentationsbau vor den anderen Bauten zu betonen.

Für die so genannte Weserrenaissance sind in Schwöbber speziell typische Merkmale die durch Mittelpfosten geteilten Doppelfenster als auch die Giebelausbauten an den Traufseiten und die Tendenz, die Form des Giebelumrisses noch fast gotisch aufzulösen. Charakteristisch ist auch die Hervorhebung der Portale in der Gebäudeabwicklung.

Wie bei vielen anderen Schlössern des Weserraumes ist auch in Schwöbber die ursprüngliche Gliederung der Schlossinnenräume des 17. Jahrhunderts als Folge zahlreicher späterer Umbauten nicht mehr überall erkennbar, bzw. archivalisch nicht oder nur ungenügend zu fassen. Immerhin kann mit größerer Sicherheit angenommen werden, dass der einstige Grundriss weit weniger Einzelräume anbot als dieses heute der Fall ist – und noch vor einigen Jahren der Fall war, als noch kein Hotel in den alten Mauern bestand.

Vielfach erstreckten sich die Einzelräume über die gesamte Breite eines Flügels. Flure und Gänge zur Erschließung der Räume bestanden kaum. Die Verbindung der Räume untereinander erfolgte regulär direkt.

Erst in späteren Zeiten wurden Fachwerkwände gelegentlich eingezogen – oder auch wieder entfernt, je nachdem wie es dem Interesse des Schlossherrn entsprach oder wie es die Zahl der Schlossbewohner jeweils erforderte.

Einige Räume waren durch ihre farbige Ausmalung betont, so zum Beispiel die „Braune Stube“, die „Blaue Kammer“ und die „Blaue Stube“. Nicht nur im Rittersaal befanden sich Wandverkleidungen aus Holz, Kassettendecken und Wandteppiche.

Einen besonderen Schmuck der Räume bildeten die Kamine, wobei der Kamin des Rittersaales künstlerisch und handwerklich vor den anderen – zum Beispiel dem „Ochsenbräter“ in der Küche – betont war, dessen Einbau 1576 erfolgte. Der Kamin des 2. Stockwerkes entstand 1575, jener in der großen Halle 1606.

Wenn sich die Schlossgesellschaft zum Essen versammelte, so ließ man sich von der Dienerschaft zumeist Ochsen-, Schaf- oder Schweinefleisch auftischen, an Fasttagen auch Karpfen und andere Fische aus den Teichen und aus dem Beberbach. Oft gab es Gemüse aus dem Schlossgarten, gekochte Erbsen, Spargel und ähnliches. Mitunter ersetzte man Fleisch durch Eier. Außerdem reichte man noch Käse und Obst.

Zu besonderen festlichen Anlässen prunkte man mit gestickten Tischtüchern, kostbaren Keramik- und Silbergefäßen – und die übliche Speisenfolge wurde in mehreren Gängen durch das erlegte Wild aus den angrenzenden Wäldern, mit Fleisch von Fasan, Rebhuhn, Kapaun und Huhn, raffinierten Backwaren, Konfitüren und erlesenen Weinen ergänzt.

Wurden Feste gefeiert, was sehr häufig der Fall war, so hatte man Gelegenheit, die schönste und neueste Tracht zu zeigen. Insbesondere wollte man nicht zu enge Kleidung tragen. So schlitzten die modebewussten Herren die Gewänder an den Gelenken auf und unterlegten die Schlitze mit andersfarbenem Stoff. Diese merkwürdige Schlitztracht wurde in Norddeutschland besonders durch die Landsknechte verbreitet, war also letztlich eine Folge der in diesen Jahren betriebenen Söldnerkriege. Das Wams erhielt knielange Faltenschöße, welche die Pluderhosen fast bedeckten und mehrfach eingeschnürte und geschlitzte Ärmel. Vorne war das Wams entweder offen, um das goldgestickte oder gefältete Hemd zur Geltung zu bringen, oder es hatte einen Kragen, aus dem ein gekräuselter Hemdrand hervortrat, die so genannte „Kröse". Die vornehme Dame steckte in das geschnürte Mieder ein mit Perlen und Juwelen geziertes Lätzchen. Die älteren Frauen in der Familie trugen darüber einen breiten Schulterkragen. Dazu zeigte man gerne schwere Goldketten, Goldknöpfe, Gürtel, Brillantringe sowie emaillierte Broschen und Schnallen, die Herren ebenso wie die Damen.

In welchem Luxus man in Schwöbber lebte, ist alten Berichten wie zugleich alten Gemälden zu entnehmen, die Angehörige der Familie von Münchhausen darstellen. Lücke beschrieb 1967 in seinem Bericht zur Geschichte Schwöbbers anschaulich einen Vertrag, der die Familie vor übermäßigem Luxus schützen sollte:

„Als Dorothea, Schwester des Börries, im November 1618 mit Klaus Spiegel zum Desenberg ihre Hochzeit zu Schwöbber hielt, schlossen Börries und sein Bruder Philipp Adolf von Münchhausen und fünf Angehörige der Familien von dem Bussche, Spiegel und von Münchhausen einen VERTRAG GEGEN DEN LUXUS im Essen und Trinken und in der Kleidung. Daraus nur das Wichtigste:

Man gebe auf Versammlungen beim Essen nur 8 Gänge und als Nachtisch nur Gartenfrüchte, auf Hochzeiten führe man lediglich zwei Kleider zum Umziehen mit sich, von denen keines mehr als 200 Reichstaler kosten und nicht golden oder silbern auf Seide verbrämt sein darf. Des Gesindes Kleidung soll in der Farbe und Verbrämung möglichst gleich sein. Schnüre und Hosenbänder für Wams, Hose, Mantel und Strümpfe und der Hut erhalten genaue Vorschriften. Jene wollen nicht mehr als vier Pferde vor ihre Kutsche spannen..."

Im Jahre 1668 – 20 Jahre nach dem 30-jährigen Krieg, der für Schwöbber ohne wesentliche Folgen geblieben war - übernahm Otto I. von Münchhausen gemeinsam mit seinem Bruder Burchard Schloss und Gut als Erbe. Otto I. war ein gut gebildeter Mann seiner Zeit, der auf Reisen viel in Holland unterwegs war und Abgeordneter der Calenbergischen Landschaft wurde, dazu kurhannoverscher Land- und Schatzrat seiner engeren Heimat. Der Ausbau der Gärten in Schwöbber und insbesondere der Bau einer Orangerie im Nordteil der Anlage sind sein Verdienst. Spätestens ab 1710 weisen zeitgenössische Berichte auf eine Pflanzensammlung in Schwöbber hin, die damals neben Herrenhausen und Salzdahlum zu den größten ihrer Art im norddeutschen Raum gehörte.

Ein in dieser Zeit in Volkamers „Nürnbergischen Hesperiden" veröffentlichter und von Otto I. selbst gezeichneter Plan, zeigt das Schloss und seine Gärten, die sich vor allem nordwestlich vom Schloss im geometrischen Stil entwickelten. In dieser Zeichnung bildet den Mittelteil ein so genannter „Blumengarten", der sich westlich des heutigen Bootshauses befand. Da dieser Gartenbereich nicht axial mit dem Schloss verbunden war, wird anzunehmen sein, dass seine Anlage in vorbarocker Zeit, d.h. in der Renaissance, erfolgte, als die klare axiale Ausrichtung eines Gartens auf ein Schloss und dessen Mittelachse noch nicht überall als verbindliche Regel betrachtet wurde.

Auffällig ist in der Zeichnung die Darstellung der Blumenbeete, die weniger an einen Ziergarten mit Broderien – wie im Barockzeitalter sonst üblich – als vielmehr an Beetpflanzungen erinnert, wie man sie auch heute noch in Gärtnereien vorfindet. Da die Mitte des Blumengartens ein ovaler Brunnen bildete, der damals üblicherweise nur einen Ziergarten auszeichnete, mag es insoweit sein, dass hier eine Anlage bestand, die sowohl in gewissem Umfang dem ästhetischen Bedürfnis der Zeit als auch dem praktischen Nutzen der Pflanzenanzucht zu dienen hatte.

Ein weiteres Charakteristikum des Gartens in Schwöbber bildete eine Allee, die den Blumengarten in west-östlicher Richtung tangierte. Diese Allee war nach der Beschreibung bei Volkamer „von ansehnlicher Höhe" und – wie die Zeichnung zeigt – fast 200 Meter lang. Eine perspektivische Ansicht, die gleichfalls bei Volkamer veröffentlicht wurde, macht deutlich, dass die Allee ausgewachsen war und einen kastenförmigen Schnitt erhielt. Da sie neben der auffälligen Höhe auch eine beträchtliche

Breite aufwies, wird wohl anzunehmen sein, dass sie im Garten die Funktion einer großen Promenade übernahm, die somit ähnlich wie der Blumengarten für die Schlossgesellschaft einen besonderen Treffpunkt und Ort des „Lustwandelns“ bot. Da die Allee in Schwöbber etwas später als die Hauptallee in Pyrmont gepflanzt wurde, könnte es sein, dass Otto I. bei seinen Besuchen in Pyrmont die Anregung zur Pflanzung einer eigenen Allee erhielt. Eher ist es allerdings wahrscheinlich, dass die Idee aus Holland stammte, das er auf seinen Reisen gleichfalls viel besucht hatte. Für diese Annahme spricht vor allem der kastenförmige hohe Schnitt der Allee, der in Holland sehr beliebt war und für Pyrmont nicht gewählt wurde.

In Holland – das schon im 17. Jahrhundert das klassische Land der Pflanzenzüchter war – mag Otto v. Münchhausen auch die Anregung empfangen haben, in Schwöbber eine eigene Pflanzenzucht zu betreiben, worauf nicht nur der an eine Anzucht-

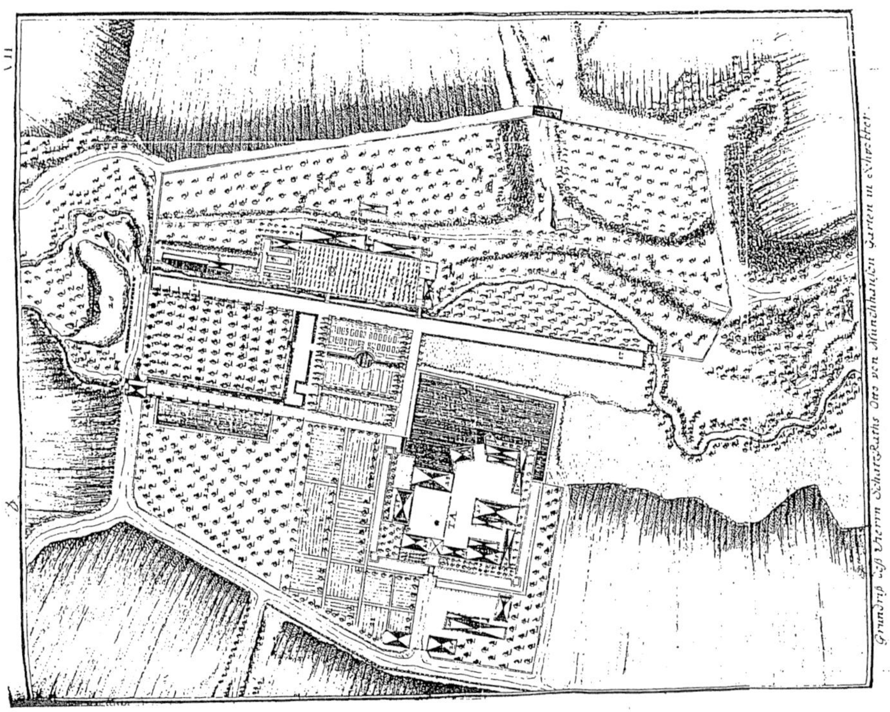

Volkamer (1710): Die Gärten von Schwöbber

Park in Utrecht, Gemälde von Isaac de Moucheron (1644–1744).
Beispiel für die Vorliebe der Holländer für hohe kastenförmig geschnittene Hecken

gärtnerei erinnernde „Blumengarten“ verweist, sondern weit mehr noch die Orangerie mit ihrer großen Pflanzensammlung.

Das Orangeriegebäude, das bei einer Außenlänge von ca. 50 Metern in ein Haus für „Alte Orangen“ und ein Haus für „Neue Orangen“ aufgeteilt war, verfügte über große nach Süden gerichtete Fenster, die in den Wintermonaten eine ausreichende Beleuchtung gestatteten. Im Gebäude hatte von Münchhausen eine Fußbodenheizung nach eigenen Plänen einrichten lassen. Während der Sommermonate stellte man die Pflanzen, die jeweils in Kübeln gehalten wurden, nach draußen. Insgesamt bildeten im frühen 18. Jahrhundert mindestens 300 Orangenbäumchen sowie zahlreiche weitere empfindliche Pflanzen den dortigen Bestand.

Die Glashäuser, die sich v. Münchhausen errichten ließ, gehören zu den frühesten Bauwerken dieser Art, die in der Gartenliteratur erwähnt sind.

Wenn auch die Citrussammlung in Schwöbber mit zeitweilig über 300 Exemplaren um 1710 eine der größten im norddeutschen Raum bildete, so waren doch Citronen und Orangen in den bedeutenderen Gärten der damaligen Zeit keine Rarität. Das Interesse der an seltenen Pflanzen interessierten Öffentlichkeit konzentrierte sich daher in Schwöbber weitaus mehr auf solche Gewächse, die selbst in den Gärten von Herrenhausen oder auch in den Gärten des Herzogs Anton Ulrich in Salzdahlum, die zu den größten und schönsten ihrer Zeit gehörten, selten anzutreffen waren. Nach einer Beschreibung des Pyrmonter Kurarztes Dr. Johann Philipp Seip gab es um 1717 in Schwöbber vor allem zu bewundern: „Caffee-Bäume mit reiffen Caffeebohnen, Campfer, Dattel, Mastix- und Cattun-Bäume, Arborem Draconis, viele Cereos, Indianische Feigenbäume und hundert dergleichen rare Gewächse, auch bei zweyhundert Arten von Pomerantzen, Citronen und Limonen“ – und nicht zuletzt die berühmte Ananas.

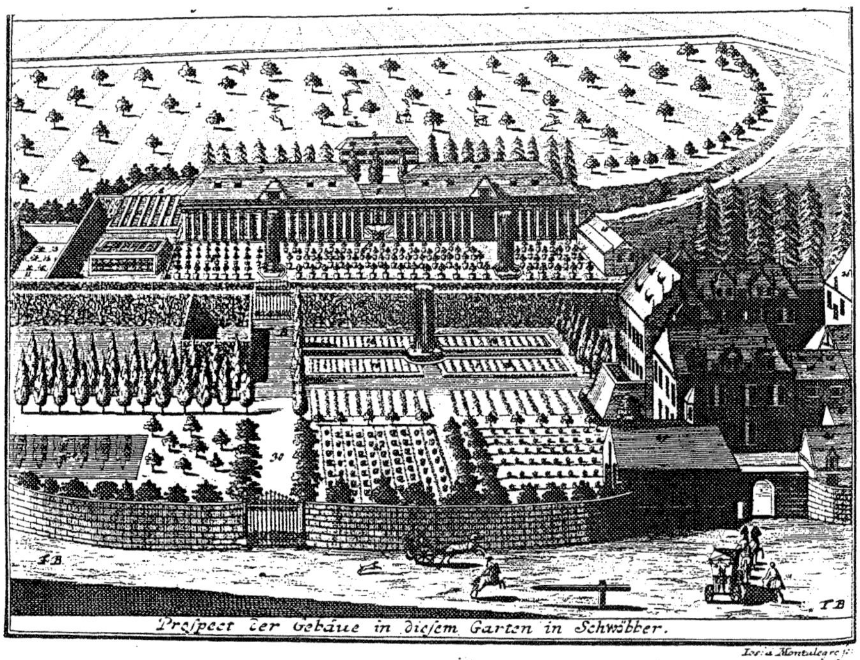

Darstellung der Orangerie und des Schlosses Schwöbber von Süden um 1710 (Volkamer)

Die Ananas (botanisch: Ananas comosus), deren Ursprung man in Brasilien vermutet, war von spanischen Entdeckern zu Beginn des 16. Jahrhunderts nach Europa gebracht worden und galt dort, nachdem sie an den Höfen verbreitet wurde, als die wohlschmeckendste aller Früchte.

In Deutschland befasste sich mit dieser Frucht zu Beginn des 18. Jahrhunderts vor allem Johann Christoph Volkamer in seinen „Nürnbergischen Hesperiden", der deshalb auch den Garten in Schwöbber in seine Darstellungen aufnahm. Insoweit war Schwöbber in Deutschland, d.h. in den gebildeten Schichten des Landes, damals für seine Ananaskulturen bis in den Süden bekannt. Wird bedacht, dass erst 1757 in Herrenhausen und 1774 am preußischen Hofe in Sanssouci Ananaskulturen angelegt wurden, so wird verständlich, weshalb sich ein solches weites Interesse an Schwöbber über einen so langen Zeitraum ergeben konnte und der Garten auch in späteren Jahrhunderten, als in Schwöbber längst die Ananas nicht mehr kultiviert wurde, für diese Frucht immer noch berühmt war. Der Beginn der Ananaskultur in Schwöbber geht auf das späte 17. Jahrhundert zurück. Als wahrscheinlich gilt das Jahr 1689.

Orangenbäumchen um 17o8 (Volkamer)

Für die Ananaspflanzen standen in Schwöbber eigene halb im Boden versenkte Gewächshäuser zur Verfügung – und zwar ein Treibhaus für die „Winterananas“ und ein weiteres für die „Sommerananas“. Aus den erhaltenen Darstellungen wird erkennbar, dass bereits Sattelhäuser – eine im frühen 18. Jahrhundert noch ganz neue Form des Gewächshausbaus – zur Anwendung kamen, so dass ein nur mäßig hoher Luftraum vom Beet bis zum gläsernen Dach bestand. Für die notwendige Durchwärmung der Häuser sorgte die damals so genannte Kanalheizung.

Während für die schwierige Kultur der Ananas eigene Häuser und Abteilungen bestanden, wird man für die sonstigen Kübelpflanzen der Orangerie das große Pflanzenhaus als Ort der Aufbewahrung im Winter genutzt haben. Dort standen somit nicht nur die 300 Citrusgewächse, sondern auch die bei Seip extra erwähnten Kaffeebäume (Bot.: Coffea arabica). Ob hiervon gelegentlich der persönliche Kaffeeverbrauch der Schlossgesellschaft gedeckt wurde, ist nicht bekannt – und im übrigen auch nicht sehr wahrscheinlich, da es hierfür einer sehr großen Zahl an Pflanzen bedurft hätte.

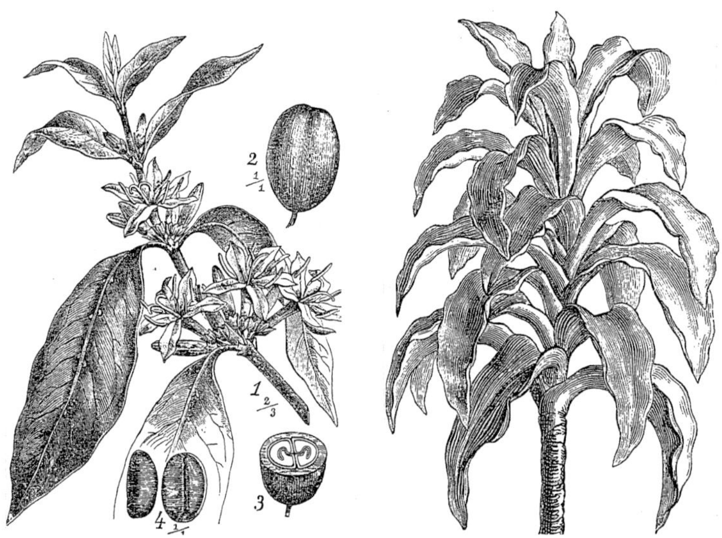

Coffea arabica, Dracaena fragrans (Aus einem Gartenbuch des 19. Jahrhunderts).

Da die Orangerie hoch genug ausgebaut worden war, um Pflanzen bis zu acht Meter Höhe aufzunehmen, besaßen die von Seip erwähnten Arten, wie zum Beispiel der Mastixbaum (bot.: Pistacia vera) oder der „Arborem draconis“ (bot.: Dracaena draco, Drachenbaum), die in ihrer jeweiligen Heimat bis zu 8 Meter hoch werden, durchaus gute Entwicklungsmöglichkeiten. Die meisten Besucher, die im Pflanzenhaus damals vom Gärtner erfuhren, dass der Drachenbaum von den Kanarischen Inseln stammte, werden im übrigen wohl kaum gewusst haben, welcher fernen Erdregion diese Inseln wohl zuzuordnen waren.

Als sehr ungewöhnlich werden die Besucher im frühen 18. Jahrhundert auch die von Seip so genannten „Cereos“ empfunden haben. Hiermit war vermutlich die Kakteenart Carnegia gigantea gemeint, die vor allem wegen ihrer auffälligen Blüten bis heute sehr geschätzt ist.

Dass die exotische Pflanzensammlung in Schwöbber allein einer Pflanzenliebhaberei des Schlossherrn entsprach – ist bei dem Aufwand an Geldmitteln, der mit ihrem Erwerb und ihrer Pflege verbunden war, recht unwahrscheinlich. Einen Hinweis darauf, dass die Pflanzen nicht zu reinen Sammlungszwecken, sondern wie in einer Gärtnerei gehalten wurden – also auch zum Verkauf – bietet insoweit ein Hinweis von Seip darauf, dass Pflanzeninteressierten in Schwöbber spätestens ab 1716 ein „catalogum“ angeboten wurde.

Grundsätzlich ist davon auszugehen, dass der „catalogum“ wie ein heutiger von Gärtnereien oder Baumschulen herausgegebener Pflanzenkatalog die Eigenschaften der Pflanzen ebenso benannte wie den Preis, der im Einzelfall bei einem Erwerb von Pflanzen zu zahlen war.

Sehr wahrscheinlich dienten auch die plantagenartig bepflanzten Gehölzquartiere beiderseits des Beberbaches, die im Plan Otto I. bei Volkamer dargestellt sind, nicht als „Bosketts“, d.h. als schön gestaltete „Lustwäldchen“ im Sinne französischer Barockgärten, sondern als Quartiere, in denen junge Pflanzen aufgeschult wurden, um später in den Verkauf zu gelangen. Entsprechend wählte Otto I. von Münchhausen hierfür in seinem Plan auch nicht den ihm sicherlich bekannten Begriff des „Bosketts“, sondern den des „Baumgartens“. Ähnlich wie der Baumgarten war der „Dannenwald“ im Bereich der heutigen Hengstweide „alleenweis“ mit Bäumen bestanden – was gleichfalls nur als baumschulmäßige Anpflanzung verstanden werden kann.

Wenn insoweit Otto I. dazu beitrug, dass Pflanzen aus Schwöbber in andere Gärten weitergegeben wurden – oft auch in Gärten befreundeter adliger Familien – so ist damals eine Tradition geschaffen worden, die später nachweislich wenigstens von Otto II. fortgeführt wurde, wenn nicht auch noch eine Zeitlang von dessen Nachfolgern. Spätestens ab der Mitte des 18. Jahrhunderts jedenfalls gehörte Schwöbber in Deutschland zu den Gärten, die in besonderer Weise zur Verbreitung von seltenen und exotischen Pflanzen beigetragen haben und dadurch bekannt wurden. Der besondere Ruf Schwöbbers ging entsprechend schnell verloren, als die Familie von Münchhausen in der zweiten Hälfte des 19. Jahrhunderts die Sammlung einstellte und den Orangeriebestand verkaufte.

Der Garten in Schwöbber war somit eine Anlage, die von der besonderen Leidenschaft der Barockzeit für das Sammeln und das Präsentieren exotischer Pflanzen zeugte. Dennoch dürfte es ein Missverständnis darstellen, wenn der Garten allein oder übermäßig unter dem Aspekt der Pflanzenzucht oder der reinen Pflanzensammelleidenschaft betrachtet würde – zumal sich in der Anlage auch Elemente rein dekorativer Gartengestaltung fanden. Insbesondere hat dieses für den Blumengarten – aber auch für den Bereich vor der Orangerie zu gelten, d.h. für Gartenteile, in denen nicht nur schöne Blumen, sondern vor allem auch große Brunnenanlagen das Bild prägten. Zudem wird die Große Allee als Versuch zu werten sein, sich in der Gestaltung des Grundstücks nicht nur von der Pflanzensammelleidenschaft leiten zu lassen, sondern auch von Gartenideen, die man andernorts auf Reisen gesehen hatte oder die einem beim Studium von Büchern begegnet waren.

Leider ist von den Gartenbereichen, die Schwöbber einst berühmt machten, heute wenig mehr als der kleine von Mauern eingefasste Graben erhalten, der am Pinetum beginnt und zum Bootshaus führt.

Oben: EMPIRERAUM IM TEICHFLÜGEL
Folgende Doppelseite: GOURMETRESTAURANT

Links: ROKOKORAUM IM TEICHFLÜGEL
Oben: SALON BELVEDERE

BÜSTE IN EINER WANDNISCHE DES SALON BELVEDERE

Oben: KAMIN (ERBAUT 1578) IM 1. OBERGESCHOSS
Folgende Doppelseite: HILMAR V. MÜNCHHAUSENSUITE

Links: HILMAR V. MÜNCHHAUSENSUITE
Oben: WEINKELLER

LOBBY

Der Empfangsraum des Schlosshotels diente in der Renaissancezeit wohl als Küche. An jene Epoche erinnert der aus dem Jahre 1576 stammende Kamin, der einst Ochsenbrater genannt wurde.

Im Sommer 1716 besuchte Zar Peter der Große das von Schwöbber nicht weit entfernte Pyrmont, nachdem ihm zuvor seine Leibärzte, der Schotte Robert Erskine und der deutsche Laurentius Blumentrost zu einer Kur geraten hatten. Die Gesundheit des damals 44-jährigen Zaren war vor allem wohl durch Alkohol und Überarbeitung angegriffen. Als seine Krankheiten wurden Gallen- und Nierenkoliken beschrieben. Darüber hinaus litt er an einer Lähmung des Armes, die es ihm unmöglich machte, diesen in waagerechter Stellung zu halten.

Im Gefolge des Zaren befanden sich der russische Staatskanzler Gawril Iwanowitsch Golowkin, der Außenminister und Vizekanzler Pjotr Pawlowitsch Schafirow, der Baron von Schleinitz sowie mehrere Minister und Adjutanten, Kanzleiräte, Kabinettsekretäre, Leibärzte, hochrangige Offiziere, der Obermarschall, der Oberküchenmeister, der Hofmeister, Priester und zahlreiche sonstige Bedienstete. In den schriftlichen Aufzeichnungen der Zeit wird die große Zahl der Wagen, der farbenfreudig uniformierten Soldaten und Diener und insbesondere die von vier Pferden gezogene Prachtkutsche des Zaren hervorgehoben. Drei Tage zuvor war Zar Peter noch in Altona gewesen, wo er den dänischen König Friedrich IV. getroffen hatte, um mit ihm eine militärische Aktion gegen Schweden abzustimmen und zu planen. Am 5.6. wurde eine Zwischenstation in Herrenhausen gemacht, wo ein Empfang durch den Enkel des Kurfürsten von Hannover stattfand. Insoweit war die Fahrt zur Kur eingebunden in das politische Geschäft.

In Pyrmont residierte der Zar mit seinen Ministern in einem noch heute erhaltenen Haus in der Brunnenstraße, das seinerzeit Johann Philipp Seip gehörte, einem über Pyrmont hinaus bekannten Brunnenarzt – der zudem ein guter Pflanzenkenner war und die Pflanzensammlung in Schwöbber für seine Studien nutzte.

Wie den zeitgenössischen Quellen zu entnehmen ist, besserte sich der Gesundheitszustand des Zaren in Pyrmont schnell, nachdem ihm Seip nahegelegt hatte, den Alkoholkonsum zu reduzieren. Zugleich ist bekannt, dass der Zar während seines Aufenthaltes in einem Buchladen der Pyrmonter Hauptallee ein Buch über das Parkwesen erwarb und zudem 66 „gedruckte Gartenblätter“ sowie 10 „Fontänenblätter“. Diese Einkäufe belegen ein von den Pyrmontern damals wohl eher nicht erwartetes – und daher dokumentiertes – Interesse des Zaren für die Gartenkunst, das sicherlich seine Begründung in der 1716 am Petersburger Hofe geführten Diskussion um die Gestaltung und Erweiterung der dortigen großen Gärten fand. Deshalb auch nutzte der Zar seinen Kuraufenthalt in Pyrmont, um sich mit dem aus Paris nach Pyrmont gereisten berühmten Architekten Le Blond zu besprechen, der zusammen mit ca. 50 französischen Künstlern und Handwerkern den Auftrag hatte, als „Generalarchitekt" für fünf Jahre die Planungen für die Schlösser und Gärten in Petersburg zu bearbeiten und voranzutreiben.

Im Anschluss an diese Gespräche fand der Besuch in Schwöbber statt, der in den Pyrmonter Geschichtsberichten oft beschrieben wurde und vielfach als ein schlichter Ausflug dargestellt wird, der jedoch in Verbindung mit den Petersburger Planungen sicherlich von einem erweiterten Zweck bestimmt war. Zumindest kann angenommen werden, dass der Besuch des Zaren ganz im Zeichen seiner Überlegungen zur Bepflanzung der heimatlichen Residenzgärten stand und eventuell auch neue Pflanzen in Schwöbber ausgesucht werden sollten.

Die Fahrt nach Schwöbber unternahm der Zar zusammen mit dem Arzt Seip. Dabei lenkte der Zar die Pferde selbst und – wie in alten Quellen berichtet wird – überwiegend in vollem Galopp, sogar noch auf der steilen Abfahrt vom Grießemer Berg. Als man über Reher und Aerzen am Ende das Schloss Schwöbber erreichte und dort von Otto von Münchhausen begrüßt worden war, wurde zunächst die Orangeriesammlung mit der berühmten Ananaskultur besucht und später wohl auch der restliche Garten durchwandert.

In den Pyrmonter Berichten von diesem Tage steht zu lesen: „... seyend ihre Czar. Maj. von Schwöbber, als wohin sie selbigen Tages von Pyrmont aus geritten, gegen Abend wieder zurück gekommen. Sie haben sich daselbst in das von Münchhausen Garten von allen Kräutern etwas geben lassen und selbige nennen lassen, die Namen davon in Ihro Schreibtafeln selber notiret, auch den catalogum davon verlanget."

In Schwöbber erinnert heute eine kleine Gedenktafel im Berggarten an den damaligen Besuch des Zaren. Sie ist dort aufgestellt worden, wo sich im 18. Jahrhundert die

Peter der Große
Kupferstich von Oubraken
1718

Orangeriesammlung befand, die vorrangig der Anlass für seinen Besuch war. Eine Gedenktafel findet sich zudem in Bad Pyrmont, d.h. am Hause Brunnenstraße 3, das er während des Kuraufenthaltes als Wohnung nutzte. Ein Porträt des Zaren, das dieser 1716 dem Fürsten Anton Ulrich zum Geschenk machte, besitzt heute das Museum im Schloss Pyrmont.

Im vorliegenden Band ist ein Porträt abgebildet, das Peter den Großen im Harnisch auf einem Kupferstich von Oubraken zeigt. Der Stich wurde nach einem Gemälde von Moore angefertigt, das sich heute im Besitz der Bibliotheque Nationale in Paris befindet.

Als Otto I. von Münchhausen im Jahre 1717 – ein Jahr nach dem Besuch des Zaren – starb, erbte zunächst Johann Friedrich das Gut mit dem Garten. Diesem folgte im Jahre 1741 dessen Sohn, Otto II. von Münchhausen (1716–1774), der zugleich mit Schwöbber auch das Drostenamt in Steyerberg und Liebenau übernahm. Zwischen 1735 und 1738 absolvierte Otto in Göttingen ein Studium , das ihn auf den Verwaltungsdienst vorbereiten sollte. Aus persönlichem Interesse betrieb er nebenher naturwissenschaftliche Studien. 1755–1757 war er auf dem Posten eines Landrates der Calenbergischen Landschaft tätig. 1766 wurde ihm die Landdrostei Harburg anvertraut. In der Königlichen Landwirtschaftsgesellschaft in Celle, die unter seiner Mitwirkung nach englischem Vorbild gegründet wurde, war er Ehrenmitglied.

In Schwöbber führte er die Tradition der Pflanzensammlung fort und erstellte 1748 ein – inzwischen leider verschollenes – Pflanzenverzeichnis für den Garten. Insbesondere förderte er die Umwandlung der alten Anlage in der Art des damals sich entwickelnden „natürlichen“ Gartenstils, der seine Wurzeln in England besaß.

Mit den neuen Entwicklungen, die die Gartenkunst in England seit ca. 1720 nahm, setzte sich Otto von Münchhausen erstmalig während seines Studiums in Göttingen auseinander. Da sein besonderes Interesse der Naturwissenschaft galt, befasste er sich allerdings weniger mit den gestalterisch-künstlerischen Fragen, die der neue Gartenstil aufwarf und jedenfalls auch nicht genügend mit dem philosophischen Hintergrund der neuen in England entwickelten Ideen. Tatsächlich war in England der bald intensiv voranschreitenden Umwandlung bestehender regelmäßiger Gärten in „Landschaftsgärten“ nämlich ein nicht durch Naturwissenschaftler, sondern durch Philosophen und Schriftsteller initiierter gedanklicher Prozess vorangegangen, der zu einem neuen ästhetisch und philosophisch geprägten Naturideal führen sollte. Die Begründung für dieses neue Ideal entnahmen Philosophen wie Spence, Shaftesbury, Pope und andere einer kritischen Betrachtung des bisherigen barocken Gartenstils, der ihnen in seiner Regelmäßigkeit und Starrheit als ein zu verwerfendes Symbol der individuellen Unfreiheit der Menschen erschien, so dass man meinte, in den Gärten zur Förderung der Selbstbestimmtheit des Menschen zu einer naturbestimmten Gestaltung kommen zu müssen.

Dazu trat ein vor allem durch die Reisen des Adels in Italien gefördertes Interesse an „arkadischen" Landschaften sowie zugleich an der Architektur Italiens, so dass sich hieraus der Wunsch ableitete, in der eigenen Landschaft Parkanlagen und Gärten als künstliche Szenarien zu entwickeln, die an das ferne Land und seine Kultur erinnern sollten. In der Gestaltung der neuen Parks und Gärten entstand somit die Vermischung eines philosophisch-verklärten Naturinteresses mit dem speziellen Interesse an der Kultur und Architektur Italiens – vor allem an der Architektur Palladios.

Da dieses „Naturinteresse" vor allem durch die ideale Landschaftsmalerei Poussins oder Lorrains sehr gefördert wurde, bestand bald auch die Vorstellung, Parks so zu gestalten, wie ein Lorrain sie gemalt hätte – womit die Verbindung der Gartenkunst mit der Landschaftsmalerei geschaffen worden war.

Die Umgestaltung der Gärten in Schwöbber, die von Münchhausen als eine Veränderung „nach der englischen Mode" bezeichnete, vollzog sich ab der Mitte des 18. Jahrhunderts. Über den genauen Beginn der Arbeiten und über eine konkrete Planung, den tatsächlichen Umfang der Maßnahmen und über das Bild, das der Park in der nachfolgenden Zeit geboten hat, liegen keine konkreten Erkenntnisse vor, insbesondere keinerlei Bild-, Skizzen- und Planmaterial. Einen begrenzten Überblick vermitteln lediglich die Ausführungen in seinem Buch „Der Hausvater", das, auf 6 Bände verteilt, zwischen 1765 und 1775 geschrieben wurde.

Dieses Buch, das den späteren Ruhm Münchhausens als Agrarschriftsteller begründete, widmete sich der Praxis des Landbaus. Es behandelte wie ein „Haushaltsbuch" (v. Münchhausen, 1766 in Bd. 1) Themen der Haus- und Hofhaltung, der Viehhaltung ebenso wie Themen der Bewässerung, der Feldeinteilung, steuerliche Fragen und nicht zuletzt das große Thema der Botanik, die ihn besonders interessierte und die deshalb in einem gesonderten 5. Band dargestellt wurde.

Um den Besitzern von Gutsgärten Hinweise zur Nutzung und Gestaltung der Freiflächen an Herrensitzen zu geben, sind auch Ausführungen zur Anlage eines Landschaftsgartens enthalten, die zum Teil auf konkreten eigenen Erfahrungen in Schwöbber basieren, so dass hierdurch Rückschlüsse auf die dortige frühe Umgestaltungsphase möglich werden bzw. ein ungefährer Überblick entsteht.
Von Münchhausen schreibt im Hausvater (Bd. IV, 1769):

„Ich habe meinen Garten jetzt verändern und nach der neuen englischen Mode einrichten, mithin die alten hohen geschornen Hecken wegnehmen, die vielen breiten Gänge eingehen und statt deren hie und da krumme schmalere mit Buschwerk bepflanzte Gänge anlegen lassen. Die Arbeit ist nachgerade bey müssigen Stunden ohne große Kosten verrichtet worden; ich habe mehr brauchbares Feld gewonnen; Der Gärtner hat nicht so viele Gänge reinzuhalten. Ich spare die auf Unterhaltung der Hecken zu wendenden Kosten; die Gänge sind zum Theil mit essbare Früchte tragenden Sträuchern besetzt., als Quitten, Nüssen, Mispeln; da die Hecken von Heinbüchen nichts einbrachten, vielmehr denen nebenstehenden Küchengewächsen schadeten. Hätte ich hingegen, um die Mode vollkommen zu machen, zur Besetzung der Gänge lauter Stauden aus England kommen lassen und dasjenige, was ich umsonst vor der Thür hatte, um theure Preise kaufen wollen, um sagen zu können, dass alles mit englischen Pflanzen besetzt sey, so hätte ich sehr unrecht gethan und noch unverantwortlicher würde ich mir scheinen, wenn ich kostbare neue Werke, z.E. englische Brücken und Tempel nachgemacht hätte, deren Unterhalt die Kräfte des Guts übersteigen würde.“

Die hier auszugsweise gegebenen Darstellungen aus dem „Hausvater“ lassen erkennen, dass Münchhausen – wahrscheinlich ausschließlich aus der Literatur – Informationen zu der neuen Gestaltung von Gärten in England vorlagen, die er jedoch nur bedingt bereit war, als Basis für seine Veränderungsplanungen in Schwöbber zu nutzen. Wenn er insoweit versuchte, der „englischen Mode“ zu folgen, so galt dieses zwar für die Beseitigung der alten Hecken oder für die Aufgabe der starren Wegeachsen, nicht jedoch für den Bau „englischer Brücken“ oder gar für die Errichtung von Tempeln. An anderer Stelle seines „Hausvaters“ ist diesbezüglich zu lesen, dass er derartige für den englischen Garten wichtige Parkstaffagen – die zur Entstehung arkadisch-ideal wirkender Parklandschaften beitragen und philosophische Betrachtungen befördern sollten – als „gekünstelt" betrachtete:

„Am mehrsten wird in England gekünstelt, und die größten Unkosten werden an auszuführende Lusthäuser gewandt, welche den Namen von Tempeln führen. So findet man Tempel der Freundschaft, Tempel der Diana, der Venus: griechische Tempel, Siegestempel, Schlaftempel, von denen mancher einige tausend Pfund Sterling kostet und weiter zu nichts dienet, als dass man ein großes weitläufiges Gebäude siehet, bey dem man sich vorstellen soll, dass ehedem ein griechischer Tempel so ausgesehen habe."

Auch hinsichtlich der gestalterischen Verbindung von Parkanlagen und umliegenden Landschaften, die für das Erscheinungsbild der in England entstandenen Landschaftsgärten regelmäßig von größter Bedeutung war, sah Münchhausen keinen Anlass, dem englischen Beispiel zu folgen. Die Parkgestaltung in Schwöbber blieb daher auf den Park innerhalb seiner Mauern beschränkt. Selbst am Surprise, der eine Aussicht aus dem Park in die Landschaft ermöglichte, wurde die Mauer als den Park begrenzendes Element nicht verdeckt. Darüber hinaus fehlte eindeutig jeder Versuch, durch die Verschönerung der umliegenden Landschaft im „Sichtfenster" des Surprise den Park in die Umgebung optisch „auszudehnen".

Insgesamt sind es daher vor allem die ästhetischen und ideellen Möglichkeiten der neuen Gartenideen aus England, die er in Schwöbber nicht übernahm und auch nicht zum Gegenstand seiner Empfehlungen im „Hausvater" machte.

Da Otto II. von Münchhausen 1769 in seinem „Hausvater" schreibt, dass er „jetzt" seinen Garten habe verändern lassen, ergibt sich daraus als Vermutung, dass die Umgestaltung bestenfalls um ein oder zwei Jahre zurücklag, als der Bericht zu Papier gebracht wurde. Insoweit könnten die Jahre 1767 oder 1768 als Beginn der Umgestaltungsmaßnahmen in Betracht gezogen werden. Ein früheres Datum, das verschiedentlich einst in Reiseberichten erwähnt wurde und auch heute noch gelegentlich kursiert, bezieht sich auf das Jahr 1750, als erstmalig nordamerikanische Gehölzarten in Schwöbber zur Anpflanzung gelangten.

Wenn sich in dem hier genannten Zeitraum in Schwöbber ein für Deutschland frühes Interesse fand, in der Gestaltung von Gärten der Natur mehr Raum zu geben, so kann dieses im übrigen nicht allein mit der Entwicklung der Idee des Landschaftsgartens in England in Verbindung gebracht werden. Vielmehr ist von durchaus ähnlich großer Bedeutung ein im damaligen Europa zunehmendes Interesse an seltenen Pflanzen – ausgelöst durch die Entdeckung ferner Länder und der dortigen Pflanzenschätze. Da man danach strebte, die neuen Pflanzen, z. B. nordamerikanische Arten, in die vorhandenen Gärten aufzunehmen, wuchs auch der Wunsch, diesen Pflanzen freie Entwicklungsmöglichkeiten zu geben – bis hin zu dem Wunsch, zum Vorteil der neuen Pflanzenwirkung auf die überlieferte architektonische Gartenstruktur zu verzichten.

In jedem Fall war mit der Begeisterung für das Botanische ein neues Interessenschwergewicht entstanden, das speziell mit Bezug auf die traditionelle Gartenkunst bald auch zur Vernachlässigung und zum Verfall der formalen architektonischen Gärten führte – und das Entstehen landschaftlicher Gärten begünstigte.

Otto II. von Münchhausen gehörte in Norddeutschland zu den frühen Wegbereitern dieser Entwicklung. Sein intensives botanisches Interesse wird unter anderem durch seinen Briefwechsel mit dem Schweden Carl von Linne' (1707–1778) belegbar, der um 1740 erstmalig für Pflanzen lateinische Gattungs- und Artennamen als feststehende, international verständliche Bezeichnungen einführte und damit ein bisher schwerwiegendes Problem für Pflanzensammler lösen konnte. Die einheitliche Pflanzenbeschreibung erleichterte auch Otto von Münchhausen erheblich die Pflanzenbeschaffung für seinen Garten.

1751, als in Schwöbber 1044 Pflanzen notiert und katalogisiert wurden, die zum Teil aus Sibirien, Amerika, Ceylon oder auch aus botanischen Gärten in Deutschland stammten, legte er seine Pflanzenliste Linne' zur wissenschaftlichen Begutachtung vor. In seinem Briefwechsel mit Linne' schrieb er zuletzt im Jahre 1769: „Ich suche alle Jahre die Sammlung zu vermehren und zu verbessern; in dieser Absicht ist stets

Otto v. Münchhausen (1716–1774)
Titelkupfer des 1. Stücks des 3. Jahrgangs der „Annalen der Braunschweig-Lüneburgischen Churlande“
Hannover 1789

mit mehreren Gartenfreunden, welche sich untereinander mittheilen, Freundschaft und Correspondenz unterhalten worden" („Der Hausvater"). Zu diesen Gartenfreunden gehörte vor allem der Freiherr von Veltheim in Harbke, der ebenso wie von Münchhausen schon früh an einem Bezugssystem arbeitete, um neue Pflanzen aus den Kolonien für seinen Garten zu erhalten.

Reger Kontakt wurde auch zu den Botanikern Peter Collinson und Philip Miller in England gehalten, die jeweils im Import und in der Propagierung amerikanischer Pflanzen tätig waren. Münchhausen lernte Miller, der international durch sein Handbuch „Gardeners Dictionary" bekannt wurde, 1750 persönlich kennen und ließ sich von diesem Pflanzen und Pflanzensamen schicken.

Die Pflanzenkataloge der Londoner Gesellschaft von Gärtnern (Gardeners society), die des Holländers Van Haazen aus Leiden sowie die der Züchter Mark Catsby und Hanbury nutzte er für die Bezeichnung der eigenen Pflanzen im „Catalogus Horti Münchhausiani", der 1751 aufgestellt wurde, um den älteren „Catalogum" des Vaters zu ersetzen.

Pflanzen aus fernen Ländern ließ er sich durch einen „Commissionarius" liefern. Im „Hausvater" ist unter anderem sogar eine Lieferung aus Colombo beschrieben.

Ebenso wie Friedrich August von Veltheim in Harbke führte Münchhhausen systematische Versuche mit nordamerikanischen Arten unter forstwirtschaftlichen Bedingungen durch, d.h. um deren Eignung für den Holzanbau und Verkauf in Mitteleuropa zu erkunden. Die diesbezügliche Bedeutung Münchhausens in jener Zeit lässt sich auch daran erkennen, dass der bekannte deutsche Gartentheoretiker Hirschfeld ihn damals gemeinsam mit dem Engländer Philip Miller als größte Kapazität auf dem wissenschaftlichen Gebiet des Gartenwesens bezeichnete.

Der besondere Ruf, der Münchhausen als Pflanzenexperte vorausging, förderte ohne Zweifel die Verbreitung bisher in Deutschland nicht bekannter Gehölzarten. Vor allem in jener Zeit begann in Deutschland nicht nur die Durchmischung der heimischen Parkanlagen, sondern auch die der heimischen Wälder mit „ausländischen Arten", an die man sich heute fast überall längst gewöhnt hat.

Die zum Verkauf bestimmten Gehölze ließ Münchhausen in einer eigenen Baumschule heranziehen, die sich von der Orangerie bis auf die Höhen von Multhöpen erstrekkte. Dieser Bereich war bereits vor 1710 als Plantage genutzt worden, so dass Münchhausen hier eine alte Tradition – wenn auch mit neuen Pflanzen – fortsetzte. Dem Baumschulleiter stand nördlich der Orangerie ein eigenes großes Haus zur Verfügung, das bis in die neuere Zeit als „Gärtnerhaus" bezeichnet wurde. Es ist um 1960 abgerissen worden. An seiner Stelle befindet sich heute ein Garten.

Die wissenschaftlichen Ergebnisse aus den damaligen Gehölzstudien sind zum Teil im „Hausvater" dokumentiert.

Da vor allem in der Zeit nach 1769 in Deutschland vielerorts Fürsten und Landadelige ihre bislang nach französischer Art formal gestalteten Gärten in der „englischen Manier" verändern ließen oder meinten, der „englischen Mode" folgen zu müssen, wird verständlich, weshalb der „Hausvater" dort, wo er gelesen wurde, recht bald zum allgemeinen Vorbild und zur Anregung oder Anleitung für viele Neugestaltungen werden konnte – zumal es ähnliche Arbeiten in deutscher Sprache damals sonst nicht gab.

Der Ruhm, den Münchhausen im späten 18. Jahrhundert erwarb, gründete sich somit vor allem auf sein schriftstellerisches Werk und auf das Interesse an der Auseinandersetzung mit der neuen englischen Gartenkultur sowie an neuen bisher in Europa unbekannten Pflanzen. Die Entwicklung seiner eigenen oder auch die fremder Gärten unter ästhetischen und künstlerischen Aspekten zu fördern, war ihm zu keinem Zeitpunkt ein besonderes Anliegen. Hirschfeld, der Schwöbber um 1780 besuchte und später in seinem „Gartenkalender" darüber schrieb, war vom äußeren Bild des Gartens daher wenig überzeugt: „... denn was den feinern Geschmack in der Kunst der Pflanzung betrifft, so konnte er diesen noch nicht befriedigen".

Als Otto II. von Münchhausen 1774 starb, hinterließ er eine umfangreiche wissenschaftliche Arbeit, jedoch keinen Plan des Gartens und zudem keine Bildansicht der Anlage, so dass es heute schwer fällt festzustellen, welche Teile der Anlage, die er gestaltete, im Original noch erhalten sind. Wege und Pflanzungen, die er damals anlegen ließ, sind ab der Mitte des 19. Jahrhunderts mindestens in großen Teilen verändert worden.

Sein Sohn Otto (1753–1828) erbte nach dem Tode des Vaters neben Schwöbber noch Voldagsen, das sich seit 1657 im Besitz der Familie befand. Zusätzlich erwarb er die Güter Steyerberg und Stolzenau sowie das Eigentumsgut Posteholz im Jahre 1797. Da er als Drost in Hardegsen tätig war, gelangte er nur selten nach Schwöbber. In seinen späteren Lebensjahren war er vor allem mit dem Umbau des Gutes in Voldagsen beschäftigt.

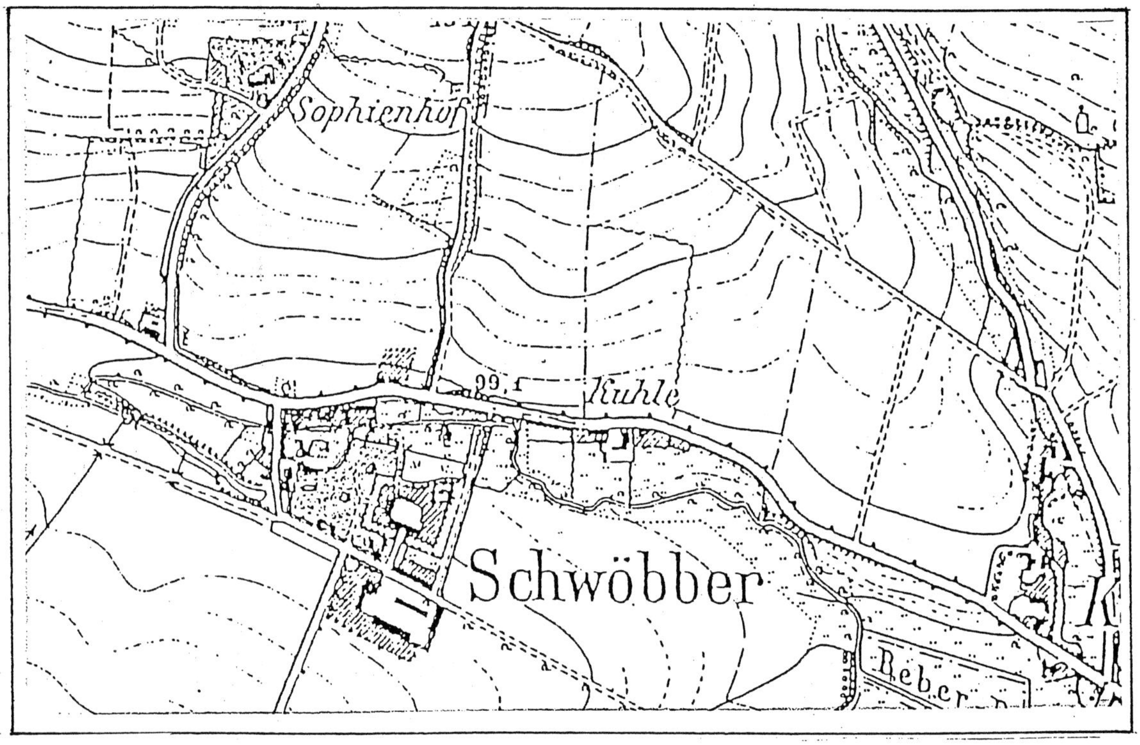

Schwöbber im Tal des Beberbaches (um 1890)
Preußische Landesaufnahme

EINGANG ZUM NÖRDLICHEN TREPPENTURM

Linke Seite: SÜDLICHER HOFTURM
Der Hofturm mit seinem einfachen Portal war ursprünglich nur Eingang zum Torflügel
Oben: ZWERCHGIEBEL AUF DER HOFSEITE
Die Giebelfassaden sind während des Wiederaufbaus 1921–23 rekonstruktiv erneuert worden
Folgende Doppelseite: GARTENPARTERRE
Der Gartenteil östlich des Schlosses wurde um 1922 im architektonischen Stil angelegt

Links: NÖRDLICHER PAVILLON
Die den Parterregarten an den Ecken akzentuierenden Pavillonbauten sind äußerlich gleich, jedoch unterschiedlich im Inneren.
Der nördliche Pavillon wurde von Wangenheim als „Theehaus“ geplant.
Oben: SÜDLICHER PAVILLON
Der Pavillon diente einst im Winter als „Orangeriepavillon“ der Aufbewahrung empfindlicher Pflanzen.

Links: FLORA
Oben: DIANA
Die Figuren der Diana, Flora, Venus und Pomona im Parterregarten sind um 1922 barocken Skulpturen der Orangerie in Kassel nachgebildet worden.

Links: NÖRDLICHER PAVILLON
Oben: DIANAGROTTE
Die um 1925 aufgestellte Figurengruppe stellt die Sage von Diana und Aktäon dar.

PUTTENGRUPPE IM PARTERREGARTEN
Die vier Putten im nördlichen Teil des Parterregartens symbolisieren die vier Elemente.
Hier dargestellt: das Wasser

SCHWÖBBER IM 19. JAHRHUNDERT

Am 18. 12. 1808 erteilte das Heroldsamt in Berlin den Nachkommen Hilmars d.J. von Münchhausen den Freiherrntitel.

Die Berichte zu Schwöbber sind aus jener Zeit des beginnenden 19. Jahrhunderts im übrigen eher spärlich. Bekannt ist jedoch, dass sich das Interesse an der exotischen Orangeriesammlung erhielt und – wie schon im 18. Jahrhundert – Schwöbber eine weithin bekannte Attraktion für Pflanzenliebhaber darstellte.

Vor allem in Pyrmont gehörte bis weit in die Mitte des 19. Jahrhunderts ein Besuch der Gartenanlage in Schwöbber zum Standard des Unterhaltungsangebotes. Den „werthen Kurgästen" wurde damals ein Ausflug nach Schwöbber wie folgt empfohlen:

„Schwöbber, ein Hannoversches adeliges Gut, das noch eine halbe Stunde von Aerzen liegt, und dem Herrn von Münchhausen von der schwarzen Fahne angehöret, ist besonders merkwürdig für Botaniker und Blumenfreunde, und wird daher von solchen häufig besucht. Hierbei liegt nämlich ein sehenswerter, nach englischem Geschmack eingerichteter, großer Garten, welchen der als Schriftsteller im ökonomischen Fache rühmlichst bekannte Drost Otto von Münchhausen, der Vater des jetzigen Besitzers, hat anlegen lassen. Der botanische Reichtum dieses Gartens war vormals sehr beträchtlich und selbst Linne' erhielt aus demselben mehrere unschätzbare, neue Beiträge zu seinen Werken, er ist auch noch gegenwärtig gar nicht so unbedeutend und enthält eine Menge Treibhaus- und Lustgebüschpflanzen, unter jenen besonders viele Arten von Pomeranzen, Citronen und Pompelmusen, unter diesen nordamerikanische Bäume und Kernobstarten. Es ist auch derjenige deutsche Garten, in welchem der Caffeebaum zum ersten Male reife Früchte getragen hat." (Menke, 1818)

Die Gärtnerei in Schwöbber verkaufte damals in den Sommermonaten Blumen unter den Bäumen der Hauptallee des Badeortes. An diesen Teil der Vergangenheit Pyrmonts erinnerte noch bis vor wenigen Jahren ein Wandfries des Weimarer Malers Scheu in der Wandelhalle am Brunnenplatz.
In Schwöbber wurden damals Besucher aus Pyrmont während der Sommermonate auch durch Konzerte in der Orangerie angezogen. Älteren Kurberichten zufolge waren es „ganze Scharen", die dort ein Musikerlebnis suchten.

Die besondere Bedeutung, die der Garten weit über die Landschaft des Weserraumes hinaus besaß, machte eine 1823 in Deutschland erscheinende Ausgabe von J.C. Loudons „Encyclopedia of Gardening" deutlich, die in Band 1 auf charakteristische Elemente des Gartens verwies:

„… mit sich windenden Wegen, Baumgruppen und einer reichen Sammlung schöner Gewächse und seltener Bäume".

In allen Berichten, die während dieser Zeit zu Schwöbber erscheinen, wird zu keinem Zeitpunkt von Parkgebäuden, Grotten, künstlichen Ruinen oder gar von Tempeln geschrieben. Der Park bot insoweit nicht das, was andernorts vielfach in den Gärten der Romantik errichtet wurde, um den Anlagen ein möglichst unverwechselbares Bild geben zu können. Lediglich der im Südteil der Anlage vorhandene Eiskeller mit seinem heute nicht mehr erhaltenen Fachwerkaufbau und seinem einst von Kletterpflanzen dicht umwundenen steilen Dach wird manchen Besucher vielleicht an eine romantische Parkstaffage erinnert haben. Der Bau war jedoch sehr wahrscheinlich nicht erst im 19. Jahrhundert entstanden, sondern früher – vielleicht schon im zeitlichen Zusammenhang mit der Errichtung des Schlosses. Darüber hinaus diente der Eiskeller zu keinem Zeitpunkt der Parkgestaltung, sondern immer ausschließlich zur Aufbewahrung von Eis. Dieses entnahm man während des Winters dem Hechtteich oder dem Schlossteich in mindestens 20cm starken Platten und lagerte es in dem 7 Meter tiefen Keller auf Holzlatten, um das Gebäude anschließend bis in den August oder sogar September zur Kühllagerung von Lebensmitteln zu nutzen. Auch Wild, das man im Wald erlegt hatte, wurde dort eingelagert.

Als das Gebäude im Jahre 2002 geöffnet wurde, fanden sich an der tiefsten Stelle noch die einstigen Holzlatten.

Um die Mitte des 19. Jahrhunderts wurden auf der Schlossinsel in Schwöbber einige der großen Wirtschaftsgebäude niedergelegt, so dass sich der zu Beginn des 17. Jahrhunderts entstandene Schlosshof großzügig nach Osten erweitern konnte. Da neue Wirtschaftsgebäude südlich der Schlossgraft errichtet worden waren, konnte der vom allgemeinen Arbeitsgeschehen weitgehend befreite Hof mehr repräsentative Aufgaben übernehmen, weshalb man eine im Geschmack des Biedermeier mit Blumen geschmückte Grünfläche in seiner Mitte schuf.

In der gleichen Zeit erwarb Otto von Münchhausen ein dem Park benachbartes Grundstück am Berghang unterhalb der Ortschaft Multhöpen und ließ es zum Witwensitz seiner Töchter Sophie und Henriette ausbauen. Wie eine Ansicht aus dem Jahre 1710 zeigt, war der Hang schon seit längerer Zeit ein Ort, an dem sich kleine Bauernstellen befanden, d.h. Ansammlungen von wenigen Häusern, die Kleinbauern zu Wohn- und Wirtschaftszwecken dienten. Das neue Haus, das Münchhausen errichten ließ, passte sich als eingeschossiger Fachwerkbau dieser auf dem Hügel von Multhöpen vorherrschenden schlichten Bebauung an und wurde mit einem kleinen Park umgeben.

Das Anwesen benannte man „Sophienhof" nach Sophie von Münchhausen, der Frau Otto IV. Bezogen wurde das Haus jedoch nicht von Sophie, sondern von Anna von Münchhausen, die 1836 in Voldagsen geboren worden war und 1859 mit 23 Jahren den einstigen österreichischen Major Theodor Karl August von Wacquant-Geozelles geheiratet hatte.

Das heutige Grundstück, obgleich vollständig verwildert, erinnert noch an die einstige Idylle mit den zum Glück noch immer unverbauten und eindrucksvollen Landschaftsausblicken nach Süden und Südwesten. Einige seltene Bäume zeigen, dass man damals der botanischen Sammlung im nahgelegenen größeren Park am Schloss nacheifern wollte. In dem kleinen zur Beber führenden Bachtal, wurde ein Teich angestaut, der allerdings schon seit längerer Zeit trocken ist. Auch der Standort des alten Fachwerkhauses ist nur noch dem erkennbar, der alte Fotos der Situation, die kurz vor dem Abriss entstanden, besitzt.

Auf älteren photographischen Bildern, die sich heute im Besitz einer Familie in Freiburg befinden, ist zu erkennen, dass um 1900 der Berghang zwischen dem Sophienhof und dem Schlosspark im Tal mit großen Baumgruppen fast parkartig besetzt war. Vermutlich handelte es sich hierbei um Restbestände der einstigen Gehölzplantagen, die schon unter Otto I. von Münchhausen angelegt worden waren. Heute befindet sich dort ein Acker, so dass der geschichtliche Zusammenhang zwischen dem Park im Tal und dem isoliert am Hang gelegenen alten Sophienpark nicht mehr spontan erkennbar ist.

Schwöbber und Multhöpen in einer alten Ansicht
(Volkamer, 1710)

Die umfangreichen baulichen Veränderungen, die in der Mitte des 19. Jahrhunderts das Bild Schwöbbers bestimmten, betrafen auch das Kapellengebäude am südlichen Schlosszugang. Dort ersetzte man um 1840 die im frühen 17. Jahrhundert errichtete kleine Kapelle durch einen Neubau, der – vermutlich aus Gründen der äußeren Anpassung an den Stil der Schlossgebäude – eine Gestaltung in den Formen der Renaissance erhielt. Da Teile der Fenster Einfassungen mit gotischen Ornamenten aufweisen, mag es sein, dass damals Reste eines älteren Gebäudes zum Bau verwendet wurden.

An die Erbauer erinnert über dem Portal eine Steintafel mit dem Wappen des Otto Friedrich Adolf von Münchhausen und seiner Ehefrau Sophie von Kerssenbruch.

Der Innenraum wurde in sehr schlichter Form eingerichtet. Beiderseits des Altars befanden sich eine Sakristei bzw. ein Nebenraum hinter Füllungswänden, die mit Darstellungen der Apostel geschmückt waren. Am Ausgang nach Osten errichtete man eine Empore. Entgegen ursprünglicher Planungen wurde der Bau eines großen Gewölbes unterhalb des Kapellenraumes nicht ausgeführt. Stattdessen entstand allein für die mit 26 Jahren verstorbene Sophie von Münchhausen eine Gruft vor dem Altar, die mit einer einfachen Steinplatte verschlossen wurde.

Westlich der neuen Kapelle nutzte man die bisher als Küchengarten dienenden Flächen nunmehr für Zwecke der Bestattung. Dort ruhen Otto Friedrich Adolf von Münchhausen (1786–1843), seine Frau Sophie von Kerssenbrock-Wierborn (1803–1843), sein Sohn Otto Friedrich August (1843–1844) und seine Tochter Caroline Luise Marie (1841–1844). Im 20. Jahrhundert wurden hier auch Angehörige der Familie Meyer bestattet, die das Grundstück ab 1919 übernommen hatte. Der heutige Charakter des „Waldfriedhofes" ist erst mit der Anordnung der Gräber und der nachfolgenden Pflanzungen entstanden.

An Otto Friedrich Adolf von Münchhausen, der die Kapelle neu erbaute, erinnert auch der kleine neogotische Torbogen, der heute am Zugang zum Berggarten steht. 1843 wurde dieses Bauwerk am Rande der Schlossgraft errichtet, wo es als Übergangsarchitektur zwischen dem Schlossbau und dem Park vermitteln sollte und zugleich den Beginn einer Holzbrücke markierte, die von der Nordwest-Bastion in den Park führte.

Die einstige Brücke ist auf einer Zeichnung aus dem Jahre 1873 dargestellt. Eine große Weide verdeckt auf dem Bild den Torbogen. Als um 1920 der Park unter Meier eine neue Gestaltung fand, ist die Brücke abgetragen worden. Dem Tor gab man einen neuen Standort am Garten der ehemaligen Orangerie.

Nach 1850 begann für Schwöbber eine lange Zeit des Niedergangs. Da finanzielle Schwierigkeiten Einsparungen erforderten, wurden bald schon die Orangeriepflanzen an die Herrenhäuser Gärten in Hannover sowie an Gärten im Rheinland verkauft. Die Ananaskulturen und das Melonenhaus waren schon ab 1843, als der damalige

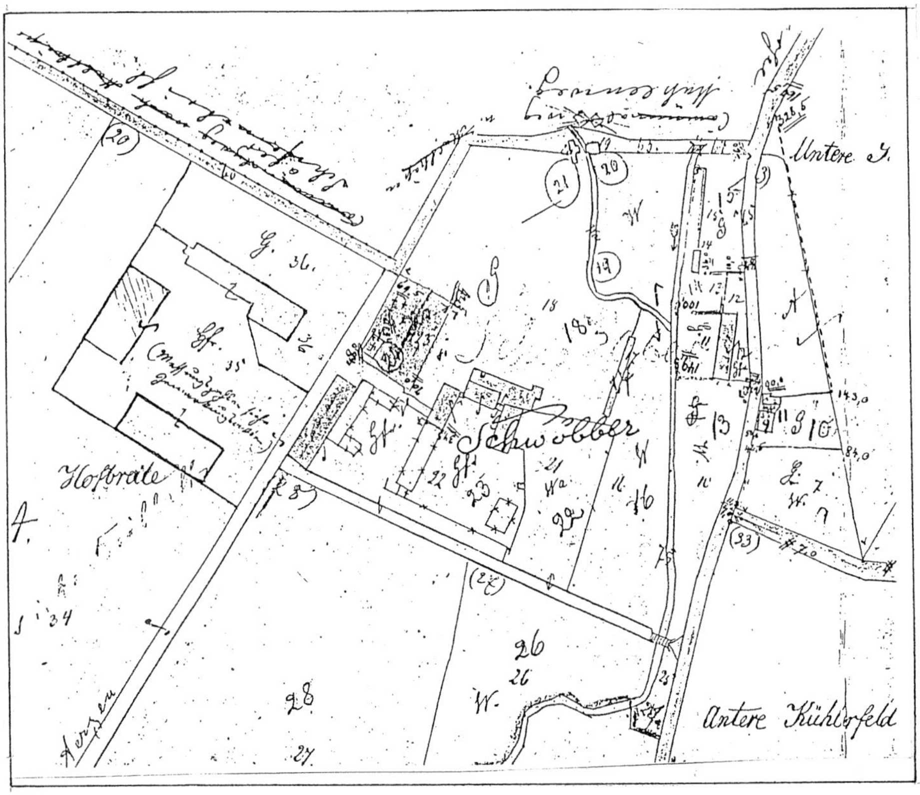

Schwöbber um 1863

„Lust- und Orangengärtner" Georg Heinrich Wehrhahn starb, aufgegeben worden. Nachdem das letzte Orangenbäumchen verkauft war, nutzte man den Gewächshausbau als Getreidespeicher. Als im Jahre 1896 ein Getreidebrand das Bauwerk vernichtete, ging hiermit nicht nur eine wertvolle Erinnerung an Otto I. von Münchhausen verloren, der an diesem Orte um 1716 den Zaren von Russland durch die Hallen der Orangerie geführt hatte – sondern auch eine Erinnerung an eine der damals größten privaten Orangerien des Landes.

Mangelndes Interesse an den der Orangerie im Norden und Nordosten benachbarten Gartenteilen, die im 17. und im beginnenden 18. Jahrhundert einen Tiergarten und später dann eine Gehölzplantage aufgenommen hatten, führten erst sukzessive zur Aufgabe dieser Bereiche und bald nach 1850 zum Ausbau der heutigen Königsförder Straße, die Groß Berkel mit Posteholz verband, so dass der Park verkleinert wurde.

VERFALL UND NEUBEGINN

Im Jahre 1908 brannte der Teichflügel des Schlosses, nachdem zuvor ein Blitz in das Dachgeschoss eingeschlagen hatte – wie die Familie später behauptete und auch ältere Schriften über Schwöbber bis in die neuere Zeit vermerkten. Dennoch kann auf der Grundlage von Zeugenberichten, die in den damaligen Akten abgelegt sind, als geklärt gelten, dass Agathe von Münchhausen den Brand aus finanzieller Not selbst legte. Erst nachdem in einem Prozess die Calenbergisch-Grupenhagensche Ritterschaft erklärt hatte, dass eine adlige Dame niemals zu einer Brandstiftung fähig sei, wurde Agathe von jedem Verdacht freigesprochen, so dass die Familie an die Versicherungssumme gelangte. Die von der Brandkasse gezahlte Entschädigung konnte allerdings die schlechte finanzielle Lage des Gutes nicht beheben. Agathe starb völlig verarmt 1938 in St. Louis, Missouri.

Noch im Jahr des Großbrandes kam Schwöbber unter die Zwangsverwaltung der Hannöverschen Ritterschaft, die mehr als sieben Jahre verstreichen ließ, bis dass die

Suche nach einem Käufer einsetzte. Dieser fand sich endlich in der Person des Domänenrates Dr. h.c. Eduard Meyer, Besitzer der Saatgutbetriebe der Friedrichswerther Güter bei Gotha.

Zum Gut, das Meyer gemeinsam mit dem Schloss im Jahre 1919 erwarb, gehörten damals 560 ha Ackerland, Wiesen und Alleen – und der Park. Der Wiederaufbau des Schlosses wurde 1921 begonnen und 1924 abgeschlossen.

Vor dem Beginn der Baumaßnahme, die sich nach den Vorstellungen Meyers von Beginn an nicht nur auf den zerstörten Teichflügel zu konzentrieren hatte, stellte der Architekt Jürgen von Wangenheim im Auftrag des Bauherren ein Gutachten auf, das die Erfordernisse der Wiederinstandsetzung und der architektonischen Weiterentwicklung in gleicher Weise formulieren sollte. Wangenheim empfahl vor allem eine gegenüber dem vorgefundenen Bestand weitaus großzügigere Verbindung zwischen dem Teichflügel und dem Mittelbau, indem ein nach außen barock erscheinender Neubau eingefügt wurde, der später im Inneren eine Rokokoausstattung fand.

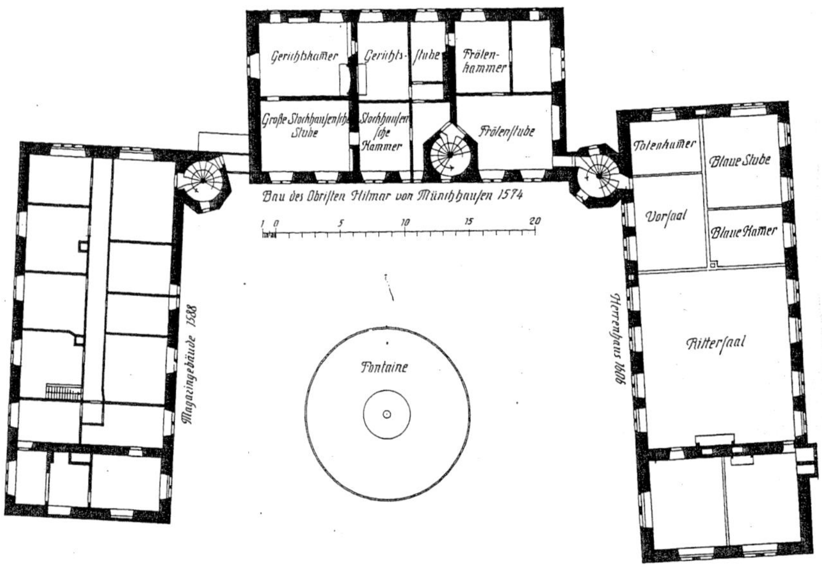

Lageplan des Schlosses vor den Umbauten von 1920

Eine weitere bedeutsame Maßnahme befasste sich mit der nach Osten gerichteten Giebelseite des Torflügels, die von einem älteren Bauwerk des 17. Jahrhunderts verdeckt war. Meier ließ hier den Anbau entfernen, so dass der alte Renaissancegiebel wieder in Erscheinung treten konnte.

Da das Portal des Mittelbaus ein höheres Eingangsniveau erhielt, versetzte man ein ursprünglich dort befindliches Steinrelief mit der Darstellung des jüngsten Gerichts in die Kapelle.

Die weiteren Gebäudeteile des Schlosses beließ man überwiegend unverändert. Vereinzelt wurden allerdings Aborterker entfernt, vor allem, um die Außenansichten ruhiger gestalten zu können. Die nördliche Wand des Barockanbaus erhielt als Wandschmuck ein steinernes Vesperbild aus dem 18. Jahrhundert, das zuvor an einem Privathaus in Würzburg befestigt war.

Im Inneren des 1908 ausgebrannten Teichflügels entstand im Stil der Renaissance eine durch zwei Stockwerke gehende große Halle, die als repräsentativer Wohn- und Festraum zu dienen hatte. Nach Osten schlossen sich als Neubauten das Venetianische Zimmer mit der Bibliothek, das Empirezimmer und das Rokokozimmer an. Die Räume wurden mit einem stilgeschichtlich passenden alten Mobiliar ausgestattet.

Die Veränderungen, die Meyer, unterstützt durch seine Architekten Wangenheim und Lübke, in Schwöbber einführte, bezogen sich nicht nur auf die erhaltenen historischen Bauten, sondern auch auf das hiermit im architektonischen Zusammenhang stehende Umfeld der Graften und Bastionen, das den Baukörper des Schlosses damals noch weit mehr als heute von der Umgebung der Parkanlage abtrennte.

Als besonders störend dürfte Meyer wohl vor allem die Trennung durch die Westgraft empfunden haben, so dass man sich entschloss, eine breite Brücke in der Ost-West-achse des Mittelflügels zu schaffen, die den Park nunmehr bis dicht an die Schlossmauern heranführte. Um dieser direkten Verbindung zwischen Schloss und Park noch mehr Wirkung zu geben, wurde die Holzbrücke an der Nordwestbastion abgebrochen – und mit ihr das kleine gotische Tor, das man an den Rand des Küchengartens versetzte.

Die eigentlich bedeutende Veränderung im Bereich der Schlossinsel vollzog sich jedoch im Osten des Schlossbaus, wo ein Garten entstand, der anders als die weithin im Lande damals üblichen Landschaftsgärten einem strengen architektonischen Stil verpflichtet war – und damit einer neuen Stilgeneration angehörte, die die Rückkehr der Gartenkunst zur Geometrie und zur Architekturform propagierte. Die Anlage des Parterregartens in Schwöbber entstand somit in einer Zeit des Umbruchs und der Stildiskussionen, die von England ausging und in Deutschland zwar nicht den Landschaftsstil vollständig ablöste, jedoch in einigen Fällen zu neuen Gärten führte, die durch die künstlerische Kraft des architektonischen Entwurfs überzeugten. Hierzu gehörten, um einige Beispiele zu nennen: die 1908 gestaltete Gönneranlage in Baden Baden, der von Hoemann ab 1905 gestaltete (1950 von Mattern überplante) Kurpark in Bad Oeynhausen oder auch der ab 1904 entstandene Palmengarten in Pyrmont, der ursprünglich als französischer Garten bezeichnet wurde und trotz der Vielfalt seiner Palmen die einstige strenge Form noch gut erkennen lässt.

Der ab 1921 entstandene Parterregarten in Schwöbber gehörte insoweit nicht zu den frühesten Beispielen dieser Entwicklung. Gleichwohl sind in Deutschland nur wenige Gärten aus jener Zeit zu benennen, die eine vergleichbare Gestaltqualität aufweisen und diese bis heute behielten.

Die Gedanken, die den Architekten von Wangenheim bewogen, Eduard Meyer einen Garten im geometrischen Stil zu empfehlen, sind in einer Schrift aus dem Jahre 1917 niedergelegt, d.h. fast vier Jahre vor dem Abriss von Hofgebäuden auf der Insel. In dieser Schrift geht von Wangenheim vor allem auf die Pavillonbauten ein, indem er schreibt:

„... Der durch den Graben und den Teich einerseits und den engeren Schlosshof andererseits umschlossene Ehrenhof bietet die denkbar beste Fläche zur Anlage eines großen Rasen- und Blumenparterre in streng geometrischen Formen, entsprechend seiner straffen architektonischen Umrahmung, wobei ich die Verwendung von Buschwerk oder gar Bäumen möglichst ausschalten möchte.

Solche würden die Großzügigkeit des ganzen Schlossbildes, zumal von der Anfahrtsstraße aus gesehen, nur beeinträchtigen. Nur an den beiden Ecken der Graben-Eskarpe (leider fehlen hier die an den anderen beiden Ecken befindlichen Bastionen) würde je eine schöne Baumgruppe berechtigt sein, indem sie die Ecken bedeutungsvoll heraushebt. Aber auch hier würde ich einer anderen Gestaltung unbedingt den Vorzug geben, die zwar nicht ganz unerhebliche Geldmittel erfordert, dafür aber auch eine geradezu ideale Lösung ergiebt und ferner den Vorzug hat, dass die gewollte Wirkung sogleich zustande kommt, während besagte Baumgruppen erst wachsen müssen und also erst einer späteren Generation zu gute kommen.

Ich sagte, die Ecken müssen hervorgehoben, nach Möglichkeit betont werden. Womit wäre das wohl besser zu erreichen, als durch den Bau von Pavillons, die organisch aus der Eskarpemauer herauswachsen und sich nach dem großen Parterre zu öffnen, die als ein in sich abgeschlossenes architektonisches Gebilde sich in wirkungsvollster Weise in den Rahmen des Ganzen einfügen.

Jedoch sage ich gleich, dass hier durch solche Baukörper nur dann die gewollte Wirkung erzielt wird, wenn an deren Baukosten nicht gespart wird. Kleine einfache Gartenhäuschen würden hier ganz unglücklich aussehen, ja sie können geradezu lächerlich wirken. Zunächst müssen die Pavillons eine gewisse Größe besitzen, sodann müssen sie eine edle architektonische Gestaltung und Gliederung aufweisen, die sie künstlerisch bemerkenswerth macht.

Der erste Gedanke wird sein, sie im Styl der Renaissance – vielleicht in Anlehnung an die Architektur des Teichflügels – auszubilden, aber ich stehe nicht an, für sie auch die Formensprache des Barock in Frage zu stellen. Gerade die Formensprache dieses Styls, der ja im übrigen aus der Renaissance hervorgegangen und ihre logische Weiterentwicklung darstellt – sich also mit den decorativen Elementen der Renaissance durchaus verträgt – eignet sich wie keine andere für solche decorative Bauten. Die Zeit um 1600 befasste sich bei uns noch nicht sehr mit ihnen, wogegen das 17te und 18te Jahrhundert, das die „äusseren Räume“ – Garten, Hof etc – mit all ihren Zuthaten in den Gesamtorganismus hineinzog und damit zahlreiche Prachtwirkungen von bisher nicht bekannter Großzügigkeit erzielt hat, giebt uns an Hand seiner Gestaltungsmittel ein prächtiges Material an die Hand.

Gerade der „Pavillon“ ist in zahlreichen Exemplaren voll eigenartigen Reizes und harmonischer Schönheit aus jenen Zeiten baulicher Hochkultur uns erhalten geblieben, so besitzen z.B. die Herrensitze Schlesiens und Westphalens darin wahre Perlen.

Natürlich wird man in unserem Falle die beiden Pavillons – die übrigens einander äusserlich gleichen müssen – nicht im Style des leichtesten Rokoko vor das Renaissanceschloss setzen! Hier muss der Architekt das künstlerische Taktgefühl besitzen, das ihn befähigt, die beiden Bauwerke harmonisch dem Ganzen anzupassen, ohne jedoch in schablonenhafte kleinere Nachbildung der Decorationselemente des Schlosses zu verfallen.

Während nun die beiden Pavillons, wie ich eben schon sagte, sich äusserlich gleichen müssen wie ein Ei dem anderen (sie sollen doch als Pendants wirken), wird man sie innerlich – je nach ihrer Verwendung ganz verschieden ausbilden können. Den nordöstlichen (am Teich gelegenen) denke ich mir etwa als einräumigen Bau, einen luftigen heiter und schwungvoll ornamentierten Gartensaal bergend – also gewissermaßen ein „Teehaus“, vor dem nach Norden zu eine Terrasse sich ausbreitet und sich mit breiter Freitreppe zum Spiegel des Teiches herabsenkt.

Westlich könnte sich an ihn ein baumbeschatteter Platz anschließen, der dann weiter – die Teichmauer entlang – Anschluss an das Schloss gewinnt. Hier, seitwärts des eigentlichen Blumenparterres und dieses nach Norden zu als grüne Wand abschließend, also in dem durch die Teichmauer einerseits und die verlängerte Nordflucht des Teichflügels andererseits gebildeten Dreieck habe ich gegen große Baumgruppen nichts einzuwenden, sie ergeben eine schattige Promenade, die den Schlosshof mit dem Gartensaal verbindet und beeinträchtigen keineswegs das rechtwinklig sich vor dem Schlosse ausbreitende Parterre.

Den südöstlichen Pavillon, der dem Wirtschaftshofe gegenüberliegt und also nicht die freie landschaftliche Lage seines nordöstlichen Gegenstücks besitzt, werden wir rein praktischen Zwecken nutzbar machen…

Vergegenwärtigen wir uns nun nach dem eben Gesagten noch einmal unser Garten-Parterre, welches sich in einer Breite von einigen 50m und einer Tiefe von einigen 60 m rechtwinklig vor dem Schloss und dem eigentlichen Schlosshof ausbreitet.

Oben: KÖNIGSBLICK
Blick in die Sichtachse vom Königsstuhl bis zum Schierholzberg bei Aerzen.
Folgende Doppelseite: PINETUM

Oben: SCHLOSSMÜHLE
Die ab 1569 belegte Mühle ist in ihrer langen Geschichte mehrfach umgebaut worden.
Das Gebäude dient heute als Wohnhaus.
Links: BEBERBACHKASKADEN

Oben: ABENDSTIMMUNG
Rechts: HECHTTEICH MIT PINETUM

Oben: GOTISCHES TOR
Das Gotische Tor ließ Otto Friedrich Adolf von Münchhausen 1843 als Brückeneingang an der Schlossgraft errichten.
Um 1922 wurde das Tor an die heutige Stelle umgesetzt.
Links: AHORNWIESE UND HENGSTWEIDE
Das Parkareal nördlich des Schlossteiches ist Teil der um 1922 durchgeführten Parkerweiterung.

Oben: BRÜCKE AN DER BEBER
Rechts: BERGGARTEN
Die Anlage wurde im Jahre 2002 an der Stelle des vor vielen Jahren aufgegebenen Gemüsegartens geschaffen. Der Pavillon entstand als Erinnerung an den Zarenbesuch 1716.

Sein absolut ebenes Viereck wird streng architektonisch umfasst mit stark betonten Eckpunkten (die beiden Schlossgiebel und die beiden Pavillons). Wir werden in diesem großen architektonischen Rahmen noch ein weiteres thun, wir werden seine Umfassung rhytmisch gliedern und beleben. Da ist zunächst die Eskarpemauer im Osten zwischen den beiden Pavillons, die die Anlage vom Schloss aus gesehen abschließt und über die hinweg der Blick in die freie Landschaft schweift. Wir werden sie in regelmäßigen Abständen mit obeliskenartigen Gebilden bekrönen, vielleicht eignen sich hierzu die in dem Baubericht von Lutsch besonders erwähnten vorhandenen „reich verzierten Steinpfeiler aus der Zeit um 1700.

Sodann fehlt uns noch eine Grenze des Parterres auf der anderen (westlichen) Seite, eine architektonische Linie zwischen ihm und dem Schlosshof, die natürlich nur ganz niedrig sein darf, um den Blick nicht zu behindern.

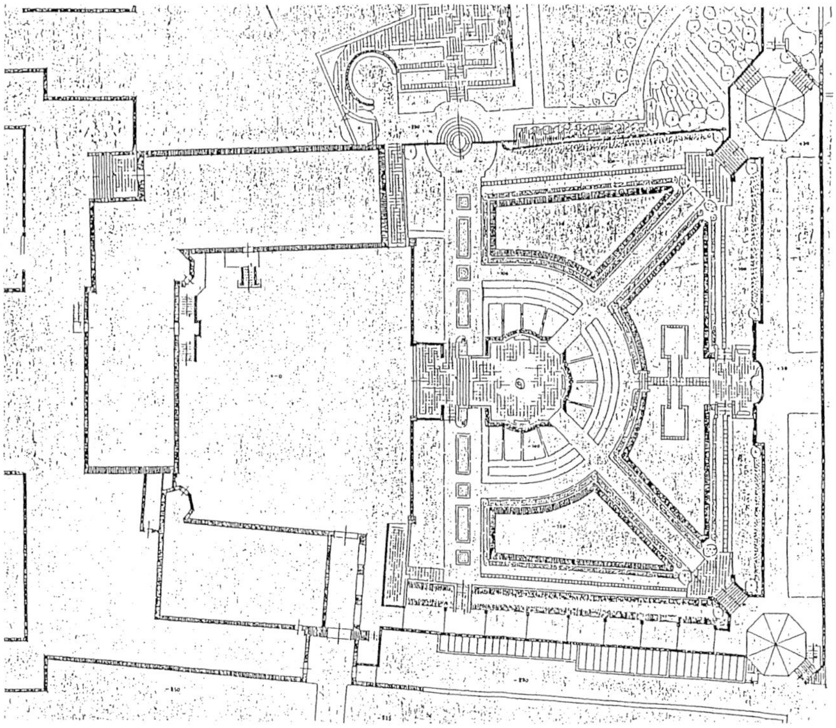

Entwurf zum Garten (Wangenheim, 1917)

Dafür kann aber diese niedrige Brüstungsmauer oder besser durchbrochene Steinbalustrade durch den Reichtum ihrer Ornamentik bemerkenswerthes Schmuckstück, ein Erzeugnis edelster Steinhauerarbeit werden. Sie wird entsprechend dem Zugang und der Wegeführung im Gartenparterre (also voraussichtlich in der Mittelachse des Schlosses) sich öffnen und übrigens auch (wie die Eskarpemauer) im Rhythmus aufgesetzte Bekrönungen tragen, nur dass auch diese nicht hoch sein dürfen, also etwa Renaissancevasen in gleich reicher Ausführung.

Wie ich die Linienführung dieser Brüstung noch nicht in den Grundplan eingetragen sondern lediglich dem künstlerischen Verlangen nach ihrem Dasein Ausdruck gegeben habe, so habe ich voller Absicht einen Entwurf der hier behandelten gartenarchitektonischen Anlage mit Wegeführung, Flächenteilung etc. nicht gezeichnet. Es hiesse das sich vorzeitig von einer Idee beeinflussen lassen, wo noch viele gute Lösungen denkbar, bei denen örtliche Faktoren und persönlicher Geschmack des Besitzers erheblich mitzusprechen haben.

Ebenso ist es mit der Bepflanzung. Eine verhältnismäßig schlichte Gestaltung in Form von Rasenflächen mit Blumenstreifen und gliedernden niedrigen Taxushecken wird im Gesamtbilde ebenso die gewollte Wirkung erzielen, wie etwa ein in leuchtenden Blütenfarben prangendes „Rosarium“, dem der Rosenliebhaber den Vorzug geben wird.

Einige Grundelemente werden allen Lösungen gemeinsam sein, so wird man zum Beispiel den Mittelpunkt der Anlage durch ein besonderes Schmuckstück betonen, wozu vielleicht – wenn nicht hierfür zu klein – die in dem Bericht von Lutsch erwähnte „aus der Zeit um 1700 stammende feine aus Sandstein gemeisselte Sonnenuhr“ Verwendung finden könnte, oder aber ein Wasserbecken mit Springbrunnen, das hier jedenfalls sehr viel mehr am Platz wäre, als das vorhandene auf dem schon nicht allzu geräumigen Schlosshof.

Ebenso werden im Rahmen dieser Anlage gute Skulpturen – mit Taktgefühl auf die richtigen Punkte gesetzt – durchaus am Platze sein und das architektonische Bild noch wesentlich verschönern können.“

Der Garten im Osten des Schlossbaus wurde bald nach 1920 realisiert. Ein Charakteristikum dieser Anlage bildeten nicht nur die Pavillonbauten, die von Wangenheim in seinen Erläuterungen ausführlich erwähnt, sondern vor allem auch eine große Brunnenwand und eine Aussichtspromenade zwischen den Pavillonbauten – die in seinen Erläuterungen von 1917 keine Darstellung findet, also möglicherweise ursprünglich nicht geplant war. Da zugleich der Dianabrunnen unerwähnt blieb, mag es sein, dass erst zu einer späteren Zeit diese Ideen entwickelt wurden.

Das Gestaltkonzept der Anlage sah vor, die strenge Architektur des Gartens als Fortsetzung der Gebäudelinien des Schlosses wirken zu lassen, so dass eine Harmonie zwischen Haus und Garten entstand. Da der Garten im Süden durch die Pergola, im Osten durch die Brunnenwand mit den Pavillonbauten und im Norden durch eine hohe Hecke mit vorgestellten Putten begrenzt war, mochte zunächst beim Betrachter wohl der Eindruck entstehen, dass versucht worden war, mit den Mitteln der Gartenarchitektur den äußeren Umriss der Schlossbauten auf der Osthälfte der Schlossinsel wiederzugeben und damit den Eindruck einer möglichst großen Geschlossenheit des Ganzen zu schaffen. Dieses bildete jedoch keineswegs das einzige Ziel. Vielmehr wurde bei Betrachtung der Pavillonbauten jedem Besucher des Gartens deutlich, dass deren Architektur auch dazu diente, die angrenzende Landschaft in das Gartenbild einzubeziehen, zu „rahmen“ und zu akzentuieren.

Im Konzept des Architekten war es die Aufgabe der großen Brunnenwand, die Hauptlinien der Architektur im Osten der Schlossinsel harmonisch zusammenzufassen und eine für das Auge wichtige horizontale Querachse als Ordnungslinie vor dem Ausblick in die freie Natur zu schaffen. Mit der Mauer war insoweit der Blick in die ferne Landschaft nicht etwa unterbrochen, vielmehr bildeten der Brunnen in der Mitte der Mauer und die auf der Mauerhöhe angeordneten vier großen Skulpturen sogar hervorgehobene Blickpunkte, die das im Osten gelegene Bild der freien Natur künstlerisch betonen sollten.

Um eine zwar wahrnehmbare, jedoch auch nicht zu deutliche Trennung zwischen dem Hof und dem Parterregarten zu erhalten, fügte von Wangenheim eine Balustrade am Westrand des Gartens ein. Deren oberer Abschluss war im Sommer mit großen Vasen geschmückt, in denen vor allem Pelargonien blühten. Die zusätzliche Dekoration mit 3 Meter hohen Obelisken gegenüber den Ecken des Teichflügels und des Torflügels, die Wangenheim im Erläuterungsbericht erwähnte und die zugleich in einer erhaltenen Übersichtszeichnung dargestellt sind, wurde wahrscheinlich nicht realisiert.

Über das architektonische Konzept Wangenheims, das der Aufstellung der Skulpturen im Garten zugrunde lag, liegen nur geringe Erkenntnisse – und jedenfalls kaum Ausführungen schriftlicher Art vor. Bekannt ist vor allem, dass die Figuren nach Vorbildern aus barocken Gärten in Kassel und Veitshöchheim gefertigt wurden. Ein Teil der Figuren ist wahrscheinlich bei Versteigerungen erworben worden.

Die Aufmerksamkeit der Besucher ziehen auch heute noch die großen Statuen der Promenade zwischen den Pavillonbauten an. Sie stellen die vier Gottheiten Venus, Diana, Pomona und Flora dar und waren wohl im Sinne der historischen Skulpturenprogramme als Schutzgottheiten des Gartens gedacht – eine Funktion, die sie in jedem Fall gut erfüllten, zumal sich der Garten bis heute erhalten hat. Bemerkenswert ist an ihnen insbesondere die Verbindung mit dem Brunnen, der angedeuteten Brunnennische und der hohen Brunnenwand, die in dieser Konstellation an mögliche Gestaltungsvorbilder in italienischen Gärten der Spätrenaissance denken lässt. Da spätestens ab 1900 in Deutschland das Interesse an der italienischen Gartenkultur nicht unbeträchtlich war – und auch früher schon dieses Interesse gefördert wurde, mag es sein, dass sich auch Wangenheim hiervon beeinflussen ließ. Der Bau einer Pergola und ebenso die kreisrunde Treppe am Abgang zur Dianaterrasse, die ganz ähnlich in der Renaissance für den Garten der Villa Uzzano bei Florenz hergestellt wurde, lassen in gleicher Weise an italienische Gärten denken.

Zwischen der großen Brunnenwand im Osten des Gartens und der Hofbalustrade im Westen bildeten die Puttengruppen an der Süd- und Nordseite des Parterres ein architektonisches Bindeglied. Während es sich bei den vier Jahreszeiten (auf der Südseite) um Kopien nach Vorbildern von Adam Ferdinand Dietz (1708–1777) für den Garten in Veitshöchheim handelt, wurden die vier Putten auf der Nordseite, die die vier Elemente Feuer, Wasser, Luft und Erde symbolisieren, Puttengruppen aus dem Würzburger Residenzgarten nachgearbeitet.

Während der Barockzeit bildeten entsprechende Puttengruppen ein beliebtes Motiv, um in der Gestaltung von Gärten die Vorgänge des Aufblühens, Erntens und Reifens symbolisch wiederzuspiegeln. Indem sie in Schwöbber um 1925 aufgestellt wurden, waren sie wohl auch als Gegenreaktion auf die standardisierten und vielfach banalen Gärten der nachwilhelminischen Zeit zu verstehen, deren Gestaltung sich damals weithin fast ausschließlich von dem Interesse an Pflanzen und „naturnahen" Gestaltungen leiten ließ und das Interesse an der Verwendung von anspruchsvollen Bildwerken in Gärten fast gänzlich verloren hatte.

Die schönsten Skulpturen des Gartens ließ Wangenheim am Rande des Schlossteiches aufstellen. Die nach fast 100 Jahren noch immer gut erhaltene Gruppe stellt Diana als Göttin der Jagd dar, die mit einer Begleiterin an eine Felsenquelle tritt, um darin zu baden und dabei von dem Jäger Aktäon überrascht wird. Nach der altgriechischen Mythologie, die hier ihre bildliche Wiedergabe findet, rächte sich Diana und verwandelte Aktäon in einen Hirsch. Hier in Schwöbber wurde nun der Augenblick der Verwandlung dargestellt, indem Aktäon – noch fasziniert von dem Anblick der Diana – bereits unbemerkt das Fell eines wilden Tieres anzunehmen beginnt. Nicht dargestellt wurde hingegen die Fortsetzung der Legende, nach der der Jäger Aktäon nach der Verwandlung in ein Tier von seinen eigenen Hunden nicht mehr erkannt – und zerfleischt wurde.

Die Figur der Diana wurde von einem unbekannten Künstler nach dem Vorbild der von Etienne Maurice Falconet (1716–1791) um 1750 geschaffenen Dianaskulptur hergestellt, die sich heute im Louvre in Paris befindet.

Wer heute durch den Parterregarten geht, wird möglicherweise für seine Person feststellen, dass die Figurensammlung manches Rätsel aufgibt. Viele werden sich auch nicht die Mühe machen herauszufinden, welche Symbole und Geschichten mit den Skulpturen verbunden sind. Eduard Meyer, der die Figuren auf Anregung Wangenheims kaufte, wird um dieses Problem gewusst haben. Er entschied sich dennoch für deren Aufstellung - sicherlich weil ihm bewusst war, dass ein Garten, der Inhalte und Gestaltdetails der Spätrenaissance übernahm, auch Figurenschmuck aufweisen musste – und vielleicht auch weil ihm bekannt war, dass in den Gärten der Renaissance mythologische und allegorische Figuren bezweckten, den Gartenbesucher aus der banalen und oft hässlichen Realität in eine Welt des Vergessens alles Alltäglichen zu führen. Dieses kann wohl auch heute noch als Sinn der Skulpturen und des Gartens bezeichnet werden.

Als von Wangenheim seine Gedanken zur Gestaltung des Schlossumbaus und des Parterregartens formulierte, befand sich der Schlosspark auf der Westseite des Anwesens im Zustand der fortgeschrittenen Verwilderung. Die Orangerie, die einst den Garten – und mit ihm die Familie von Münchhausen – berühmt gemacht hatte, war bis auf geringe Reste abgetragen worden. Von dem Platz vor dem großen Orangeriebau, der im 18. Jahrhundert mehr als 300 Citrusgewächse in Pflanzgefäßen aufgenommen hatte und durch zwei Brunnen betont war, existierte nur noch die kleine Flussmauer an der Beber. Die nach Norden angrenzende Fläche hatte man nach dem Brand der Orangerie als Küchengarten genutzt und nach 1908 wie vieles andere im Park verfallen lassen.

Im Baumgarten waren die von der Familie von Münchhausen angelegten Wege längst überwachsen und überwiegend nicht mehr begehbar.

Luftbild von Schwöbber um 1928

Angesichts der überall anzutreffenden Verwahrlosung entschloss sich Meyer zu einer grundlegenden Erneuerung. Vor allem erschien es ihm erstrebenswert, den vorhandenen alten Baumgarten, der zahlreiche seltene Arten aufwies, auszuweiten und durch Neuankäufe von seltenen Gehölzen aufzuwerten – so dass damit erneut an die von der Familie von Münchhausen begonnene Tradition angeknüpft werden konnte.

Der besondere Anspruch, den Meyer mit der Fortsetzung der botanischen Sammlung verband, machte sich dadurch bemerkbar, dass er zunächst mit Professor Gräbner vom Botanischen Garten in Berlin-Dahlem Kontakt aufnahm. Dieser empfahl ihm, den Auftrag zur Überarbeitung und Erweiterung der Parkanlage an Heinrich Zeininger zu vergeben, der zuvor als Hofgartendirektor in Sanssouci Erfahrungen in der Pflege eines Landschaftsgartens hatte sammeln können. Zeininger (1867–1932) war zu jener Zeit, als er 1922 den Auftrag erhielt, mehr als acht Jahre in Sanssouci tätig gewesen.

Der von J. P. Lenne' an den Königsschlössern von Sanssouci geplante und angelegte Park war mit seinen meist weit geschwungenen harmonischen Wegelinien von sehr großzügiger Gestalt. Es erstaunt daher nicht, dass Zeininger, als ihm die Aufgabe der Neugliederung in Schwöbber zugefallen war, gestalterisch Orientierung an jenem Beispiel suchte, das ihm aus vielen Jahren seiner gärtnerischen Laufbahn am besten bekannt war – und entsprechend die Neugestaltung in Schwöbber von dem Ziel geleitet wurde, einen Park mit großzügig strukturiertem Gesamtbild zu schaffen.

Dieses bedeutete zunächst, dass auf die von der Familie Münchhausen angelegten Schlängelwege ebenso wie auf Teile der zugewucherten Pflanzungen zu verzichten war, die damals eher ein waldähnlich geschlossenes Bild und nicht ein parkartig offenes Erlebnis boten. Dazu war es sein Ziel, Staudenpflanzungen in den Park zu integrieren. Im Parterregarten schuf er aus diesem Grunde ein Alpinum. Stauden schmückten auch die Partien an der Dianagrotte. Nicht zuletzt entstanden vollkommen neue Pflanzungen auf bisher als Weideland genutzten Flächen, um die botanische Sammlung fortsetzen und erweitern zu können.

Die in großen Bögen langgezogenen Wegelinien, die heute das Parkbild bestimmen und diesem den Charakter der Großzügigkeit und Weite geben, sind ein wesentliches Gestaltergebnis aus jener Zeit. Allerdings muss bedacht werden, dass Zeininger vermutlich einige Restabschnitte der barocken Wegegeraden übernahm, die auch im 19. Jahrhundert nicht verändert worden waren, so dass sich keine vollständige Neuplanung ergab und die Wege in Schwöbber ihre heutige Linienführung wahrscheinlich partiell älteren Gestaltungen aus der Barockzeit noch verdanken.

In besonderer Weise befasste er sich mit der Gestaltung des Pinetums und der Hengstweide, deren Bepflanzung er so wählte, dass sich deutlich erkennbare Teilabschnitte bilden konnten, in denen entweder Koniferen oder aber laubabwerfende Gehölze dominierten. Zu dieser Trennung in „Abteilungen" hatte möglicherweise das Beispiel des Botanischen Gartens in Berlin beigetragen, das ihm wie Sanssouci gut bekannt war.

Die Mode der Pineten war auf dem europäischen Festland ab 1843 von den Royal Botanic Gardens in Kew (bei London) ausgegangen und führte in der nachfolgenden Zeit zur Anlage zahlreicher Koniferenwäldchen in Landschaftsparks Frankreichs, Deutschlands und Norditaliens. Das Pinetum in Schwöbber gehörte zu den spätesten Anlagen dieser Art. Besonders beeindruckend sind dort heute die Gruppen der bis zu 30 Meter hohen Lebensbäume.

Nach der Beendigung der Gestaltungsmaßnahmen unter Wangenheim und Zeininger wurde der Park zeitweise von fünf Kräften gepflegt. Besondere Beachtung fand die Pflege der mit Kies abgestreuten Wege, die beständig geharkt wurden. Zugleich bemühte man sich, den Bestand an dendrologisch wichtigen Arten auszuweiten, wie verschiedene Pflanzenlisten erkennen lassen. Sommerblumen und Stauden blühten besonders üppig im Parterregarten – sowohl in Beeten als auch in diversen Töpfen. Im Schlosshof standen Lorbeerbäumchen in Kübeln. Weitere Kübelgewächse fanden am Brunnen des Parterregartens, auf der Hofbalustrade oder auch im Pavillongarten oberhalb der Dianaterrasse ihren Platz. Während der Wintermonate stellte man die empfindlichen Gewächse im so genannten Orangeriepavillon unter.

Das schöne Bild, das der Park in jener Zeit bot, fand ein Ende mit der Zeit des Krieges, der 1939 begann – und in Schwöbber zunächst dazu führte, dass das gärtnerische Personal eingeschränkt wurde.

Am 4. April 1945 drang dann die amerikanische Kampfgruppe „B“ mit der 2. US-Panzerdivision von Lage kommend in das Gebiet von Aerzen vor und besetzte am 5. April Schwöbber. Im Verlauf der Besetzung des Schlosses fuhren Panzer durch den Park und verwüsteten insbesondere den Bereich des Surprise bis hin zum Eiskeller. Nach den Berichten von Zeitzeugen fanden dort in einer langen Reihe entlang des inzwischen wieder instandgesetzten Parkweges mehr als 30 schwere Panzer und sonstige Truppenfahrzeuge Aufstellung. Einige Granaten, die man unweit des Surprise im Jahre 2004 fand, deuten auf Kampfhandlungen in jenen Tagen hin.

Die Besetzung des Schlosses durch alliierte Truppen erforderte damals den Umzug der Familie Meyer in ein zum Hof gehörendes einzelnstehendes Wohnhaus. Später gelangten dann viele Flüchtlinge und Heimatvertriebene nach Schwöbber, von denen einige bis heute am Ort geblieben sind.

Im Februar 1947 wurde ein Lehrerfortbildungsheim im Schloss eingerichtet. Eingeschränkte finanzielle Mittel gestatteten in jener Zeit eine nur einfache Unterhaltung des Areals. So erhielt man zwar im Park ganz überwiegend das frühere gärtnerische Bild, besaß jedoch andererseits nicht die Mittel, um die eingestürzten Gewächshäuser an der Südostgraft oder die alte Orangeriebrücke über die Beber, die ein Hochwasser zerstört hatte, wiederaufzubauen.

Pflanzenkartierungen aus der Nachkriegszeit lassen erkennen, dass man dem Baumbestand im Park wie schon in den Jahrzehnten zuvor großes Interesse widmete. Diese Kartenunterlagen bilden heute eine wichtige Grundlage im Rahmen von Nachpflanzungen.

Die Umgebung des Gutes, zu dem 1951 rund 610 ha zu bewirtschaftende Fläche gehörte, war damals noch ganz überwiegend von der Landwirtschaft geprägt. Dort wo heute der Golfplatz sich südlich der Beber bis hin zum Lüningsberg erstreckt, standen zeitweise bis zu 130 Rinder und ca. 15–20 Pferde auf den Wiesen und Weiden, zum Beispiel im Bereich der heutigen Driving Range. Für die Rinder und nicht zuletzt für fast 300 Schafe waren nicht nur ausgedehnte Weideflächen vorhanden, sondern auch große Stallgebäude südlich des Schlossbezirks. Wo sich heute am Rande der Zehntscheune Parkplätze für Hotelgäste ausdehnen, blickte man früher auf hohe Getreidewagen, Streumaschinen, Dreschmaschinen und große Eggen. Am Standort des heutigen Golferparkplatzes westlich des Surprise prägte eine große Scheune weithin das Landschaftsbild. Wo auf den Äckern gepflügt wurde, spannte man noch Pferde vor den Pflug. Erst viel später setzte sich der Motorschlepper durch. Im Zuge der Entwicklung der motorgetriebenen Bewirtschaftung sind dann mit der Zeit zunächst die Pferde abgeschafft worden. 1967 gab man auch die Haltung von Schafen und Schweinen wegen Unrentabilität auf.

Auch der von Otto von Münchhausen um 1840 erbaute Sophienhof oberhalb des Schlossparks wurde nach dem Kriege zunächst von Flüchtlingen bewohnt und gelangte nach 1946 in den Besitz des Landkreises, der das Gebäude an verschiedene Mietparteien verpachtete. Da nicht genügend in den Fachwerkbau investiert wurde, war das Gebäude nach wenigen Jahren baufällig bzw. kaum noch vermietbar, so dass man sich 1970 zum Abriss entschloss. Auch für das historische Parkgelände sah man nicht die Notwendigkeit des Erhalts und überließ es der Verwilderung.

Wer heute im Gehölzdickicht unterhalb von Multhöpen nach den Resten des Gebäudes sucht, wird nichts mehr finden – so gründlich gestaltete sich der Abriss. Erkennbar ist nur noch, dass der Bau auf einer Fläche lag, die einen grandiosen Blick in das Tal erlaubte. Auch einige alte Bilder aus der Zeit vor dem Abriss zeigen, dass hier seinerzeit eine große Idylle zerstört wurde, die in der Verbindung eines wertvollen Fachwerkhauses mit einem schönen Park und einer einprägsamen Landschaft bestand und mit der Entfernung des Hauses ihren historischen Mittelpunkt verlor.

Betritt man den alten heute waldähnlichen Park, so wird man sporadisch auf Wegereste und alte Wegeeinfassungen treffen, auch auf große Treppen, die vom Laub und von Erde fast vollständig verdeckt sind. Eine verfallene Toreinfahrt weist in einer alten Inschrift darauf hin, dass das Anwesen einst der Familie Münchhausen gehörte. Ein trockengefallener Teich sowie einige dendrologisch wertvolle alte Bäume lassen erkennen, dass hier wie im Park am Schloss die Familie von Münchhausen ihrem besonderen Interesse für seltene Pflanzen in romantisch gestalteten Parkanlagen nachging.

Da die Natur immer mehr von der Anlage Besitz ergreift und deren historische Struktur in nur 40 Jahren fast vollständig verdeckt wurde, kann man verstehen, dass der

Park inzwischen selbst im nahgelegenen Multhöpen den dort heute Lebenden als einstiger Park kaum mehr bewusst ist.

Die meisten Autofahrer, die die Landstraße zwischen Schwöbber und Grupenhagen befahren, werden wohl nur denken, dass der am Hügel nah der Straße sichtbare Park nur ein geschichtsloses einfaches Waldstück darstellt.

Anders als am Sophienhof blieb die Erinnerung an den alten Park von Schwöbber immer unauslöschlich – d.h. auch in jener Zeit, als die Anlage ebenso wie der Sophienhof immer mehr verwilderte und Blickachsen und bald sogar Wege zuwuchsen, so dass die historische Struktur des Ganzen zu größeren Teilen verdeckt wurde.

Um 1985 wurde Willi Cohrs neuer Eigentümer von Schloss und Park.

Cohrs investierte großzügig in die Neuentstehung von Golfplätzen im Umfeld des Schlossparks und überließ den alten Park vollends der natürlichen Entwicklung, da ihm die Denkmalbehörde des Landkreises nicht gestattete, auch diese Fläche in seine Golfplanungen einzubeziehen und damit den Park zum Golfplatz umzugestalten.

In der nachfolgenden Zeit entwickelte sich daher der Park zu einer fast vollständigen Wildnis, die bei immer geöffneten Parktoren zwar zugänglich, jedoch letztlich unbegehbar und im Hinblick auf einen überalterten und dabei von Fachleuten nicht behandelten bzw. nicht gepflegten Baumbestand auch unsicher wie ein Urwald war.

Ebenso wie die einstigen Gehölzflächen, Wegeflächen, Staudenpartien und Rasen verfielen auch die Parkarchitekturen, das Bootshaus ebenso wie der Eiskeller und die Mühle, die Pergolaterrasse, das Auslaufbauwerk an der Mühle, die Parkbrücken und die alles umgebenden Parkmauern. In den trockengefallenen Graften konnte sich ungestört ein Erlenwald entwickeln. Einige Graftenmauern sowie die Bastion im Nordosten als auch große Teile der Teichmauern waren spätestens um 1992 ruiniert und bildeten Geröllhänge, die sich in das Wasser erstreckten. Wo die Mauern noch standen, aber in aufbrechenden Steinlücken Eschenjungwuchs sich gebildet hatte, um auch diese Mauern zu zerstören, unterließ der Eigentümer die notwendigen Sanierungsmaßnahmen – d.h. selbst zu einem Zeitpunkt, wo rettende Maßnahmen noch ohne große Kosten hätten veranlasst werden können.

Das ganze Ausmaß der unterlassenen Hilfsmaßnahmen wurde besonders deutlich, als große Teile der Pergolawand mitsamt der Holzpergola zusammenstürzten und die Reste des ehemaligen Gewächshauses unter sich begruben.

Um 1989 ließ Cohrs Teile der historischen Außenmauern an der Mühle einreißen, um die fußläufige Verbindung zwischen den Golfplätzen im Westen und Osten des Parks zu verbessern. Als ihm nach einigen Jahren die Genehmigung erteilt wurde, den Park als Pitch- und Putplatz für die Golfer zu nutzen, wurden schließlich in der Wildnis, die er im übrigen als solche unverändert beließ und am Rande der Graften und Parkbauten, die unbehindert zu Ruinen sich weiter entwickelten, Greens und Abschläge eingerichtet – selbst auf dem Eiskeller und auf dem Surprise und im Parterregarten. Eine große Zahl wertvoller Altbäume ist in jener Zeit unsachgemäß aufgeastet oder auch beseitigt worden, um mehr Spielfläche im Park schaffen zu können.

Diese und andere Zerstörungen und Banalisierungen, die hier nicht in aller Ausführlichkeit erwähnt werden sollen, riefen zwar weithin in der Bevölkerung der Region Bestürzung hervor, führten jedoch auch nicht zu Hilfs- oder Gegenmaßnahmen. Als schließlich im Jahre 1992 das Schloss brannte und der abgebrannte Teil der Schlossbauten fast zehn Jahre lang Ruine blieb, wird mancher Besucher in Schwöbber wohl damals vermutet haben, dass Schloss und Park nicht mehr zu halten waren und einem in Deutschland weithin bekannten Baudenkmal ein schnelles Ende als vollständige Ruine unmittelbar bevorstand.

Dieses Ende ist zum Glück nicht eingetreten. Vielmehr erwarb im Jahre 2002 das Unternehmerehepaar Ulla und Friedrich Popken Schwöbber mit der Absicht, im Schloss ein Hotel des gehobenen Stils einzurichten.

Der aus Hameln gebürtige Friedrich Popken kannte Schwöbber seit seiner frühesten Jugend. Die Erinnerungen an diese Zeit waren letztlich entscheidend, als er von seinem Vetter Dietrich Burkart, Ortskurator der deutschen Stiftung Denkmalschutz, um Hilfe gebeten wurde, Schloss und Park wieder eine neue Zukunft zu geben.

Mit den Maßnahmen der Sanierung wurde noch im Jahre 2002 begonnen. Die Pläne zur Wiederinstandsetzung des Schlosses und zu seiner neuen Nutzung als Hotel legte der Architekt Wolter aus Aerzen vor, der auch die Bauleitung übernahm.

Die harmonische Gestaltung der Zimmer ist Ulla Popken zu verdanken, die in dieser Aufgabe von ihrem Bruder, dem Innenarchitekten Ulrich Rogge sowie der Architektin Barbara Körber unterstützt wurde. Verschiedene Einzelplanungen und Maßnahmen übernahm das Architektenehepaar Tonndorf.

Der Gesamtumfang der auszuführenden Arbeiten am Schloss und in seiner nächsten Umgebung kann hier nur auszugsweise wiedergegeben werden: So waren alle Dächer des Schlosses, der Treppentürme und der Zehntscheune neu einzudecken; rund 4000 Quadratmeter Fassadenflächen mussten mit Sandstrahlen gesäubert werden; 2,5 Kilometer Natursteinmauern am Schloss, an weiteren Gebäuden, an den Parkmauern und an den Graften waren zu sanieren, zu säubern, zu verfugen, vielfach auch mit neuen Fundamenten zu versehen oder in den ruinierten Bereichen gänzlich neu aufzubauen; im Schlossgebäude war der Hausschwamm zu bekämpfen; alte Treppenhäuser mussten wieder benutzbar werden, neue Treppenhäuser geschaffen werden; Kanäle, Elektro- und Medienleitungen waren zu verlegen; eine zentrale Heizungsanlage musste gebaut werden; vier Küchen waren einzurichten: die Hauptküche im Teichflügel, die Küche im Gourmetrestaurant, die Frühstücks- und die Schauküche. Außerhalb des engeren Schlossbereiches galt es, die Graften vom Wildwuchs zu befreien und erneut als Gewässer zu gestalten, damit das Schloss wieder als Wasserschloss in Erscheinung treten konnte. Ein Schwimmbad, dessen Architektur sich der äußeren Ansicht des ehemaligen Gewächshauses anzunähern hatte, war an der Südostgraft einzurichten. Hiermit verbunden war die vollständige Abtragung der eingestürzten Pergolawand, deren Wiederaufbau einschließlich der Einrichtung einer Heizungsanlage für das Schwimmbad und der Wiederaufbau der Pergolakonstruktion. In der ehemaligen Zehntscheune mussten Tagungs- und Bankettträume sowie 36 Hotelzimmer geschaffen werden. Zwischen Schlossgraft und Zehntscheune war eine Tiefgarage mit oberem Parkdeck zu bauen, die über einen Tunnel mit dem Schloss sich verband. Tausende Kubikmeter Erdaushub von den neugeschaffenen Kellerräumen, der Tiefgarage und dem Tunnel unter der Schlossbrücke waren wegzuschaffen; Auf mehr als 1000 Quadratmeter Hof- und Wegeflächen musste altes Kopf-Steinpflaster neu verlegt werden; rund 1,5 Kilometer Straßen waren rund um das Grundstück zu teeren.

Zu den weiteren Aufgaben, die Eckart Wolter in Schwöbber zu übernehmen hatte, gehörten die Entschlammung des Schlossteichs, der Wiederaufbau des Bootshauses, die Restaurierung des Eiskellers und der Umbau der alten Mühle zu einem Wohnhaus für den Hoteldirektor.

Eine der wichtigsten unter den zahllosen Aufgaben, die im Zusammenhang mit der Aufgabe der Schlossinstandsetzung zu lösen war, hatte sich mit den Putzarbeiten und der Wahl eines Außenanstrichs für das Schloss zu befassen. Der heutige Putz, der nur wenige Millimeter stark ist und die Steinstruktur noch erahnen lässt, entspricht nach sorgfältigen Voruntersuchungen heute wieder dem einstigen Bild – ebenso wie dessen blassgelber Farbton, der das stumpfe Grau ablöste, das in der Zeit nach 1945 die Fassaden geprägt hatte.

Auf die Wiederherstellung der einstigen rotfarbigen Umrandungen in den Portalbereichen, die Ernst Pfänder 1957 in Schöbber hatte nachweisen können, wurde verzichtet.

Für die Restaurierung und Neunutzung der Innenbauten war entscheidend, so viel wie möglich von der historischen Raumaufteilung, Struktur und Ansicht der Räume zu bewahren. Vor allem galt es, jene Teile der früheren Innengliederung zu retten und wiederherzustellen, denen der Brand von 1992 schwere Schäden zugefügt hatte. Hierzu gehörten insbesondere der Nordteil des Mittelbaus, der neobarocke Anbau sowie die westlichen Teile des Teichflügels.

Wer noch im Jahre 2001 – ein Jahr vor dem Beginn der Restaurierung – die brandgeschwärzten Teile der dortigen alten Innenwände und Fußböden, die eingestürzten Decken, zerbrochenen Balken und die überall umherliegenden zerbrochenen Teile der alten Inneneinrichtung gesehen hat, kann in der Nachbetrachtung nur sehr erstaunt sein über das Maß der Leistung, die hier erbracht wurde, um in weniger als zwei Jahren diese umfassenden Schäden zu beheben.

Vier Monate vergingen allein mit Aufräumungsarbeiten, bevor mit der eigentlichen Restaurierung begonnen werden konnte.

Besonders betroffen war jener Raum, durch den man heute das Schloss betritt, d.h. die Rezeption des Hotels. Dort fällt der Blick als erstes auf den so genannten „Ochsenbräter", der 1576 aufgestellt wurde, als der Raum noch als Küche diente. Die

Ansicht des Schlosses von Nordosten (um 1900)

mächtige Herdanlage wurde später Mittelpunkt der „Frölenstube“, die dem Schlossfräulein (= Frölen) als Wohnstube diente. In der Westhälfte des Raumes am Ausgang zum Garten befanden sich bis 1919 noch die „Frölenkammer“ und ein weiteres kleines Zimmer. Die heutige Raumtiefe der Rezeption erinnert insoweit mehr an jene frühere Zeit, als hier noch die Schlossküche bestand und nicht trennende Wände eingezogen waren.

Die schöne Verbindung von der „Frölenstube“ zum Teichflügel und zum Rittersaal ist erst unter Eduard Meyer entstanden. Sie ersetzte als Flur den ursprünglich sehr umständlichen Gang über den Treppenturm zwischen dem Mittelbau und dem Teichflügel und wurde 2003 restauriert. Über den Flur, der heute schöne Kunstwerke aus alter Zeit aufnimmt, gelangt man in den über zwei Geschosse gehenden großen Saal, den Meyer als räumlichen Ersatz für den 1908 beim Brand zerstörten Rittersaal errichten ließ. Der Saal, der weder in der Lage, noch im Grundriß oder in der Höhe mit dem historischen Saal der Renaissance übereinstimmt, erlitt beim Brand von 1992 schwere Schäden und war über mehr als 10 Jahre unbenutzt, konnte nunmehr jedoch vollständig wieder das Bild erhalten, das um 1922–25 geschaffen wurde und ist heute der Mittelpunkt des Schlosses.

Den Hauptblickpunkt bildet im Saal der 1606 fertiggestellte große Kamin, der mit den Wappen Hilmars d. J. von Münchhausen sowie dessen Frau und seiner Eltern geschmückt ist. In der Mitte des Kaminaufbaus ist die Auferstehung Christi abgebildet.

Der Blick des Besuchers wird jedoch nicht nur von dem Kamin angezogen, sondern zugleich von einer majestätischen Treppe, die aus dem höheren Geschoss herabführt. Ihr zur Seite und gegenüber am Kamin finden sich große Wandgemälde. Sie gehören zu dem Spätwerk des 1861 geborenen Künstlers Oskar Wichtendahl, der in Hannover wie zugleich in Italien tätig war und für den Baron von Thyssen die Schlosskapelle in Landsberg ausmalte. Die Gemälde in Schwöbber zeigen in symbolhafter Form die vier Elemente Luft, Wasser, Feuer und Erde und wiederholen damit ein Gestaltmotiv, das in der Form der barocken Putten schon im Garten besteht. In ihrer farbigen und linear rhytmisierten Malweise sowie in den idealistisch-symbolischen Bildaussagen erinnern die Bilder daran, dass Wichtendahl nicht nur von Hodler beeinflusst war, sondern auch Einflüsse aus Indien und aus der Inselwelt der Südsee verarbeitet wurden, die er auf gemeinsamen Reisen mit dem Herzog von Braunschweig hatte kennenlernen können.

Auch die schöne – jetzt wieder sorgfältig restaurierte – Decke ist Wichtendahl zu verdanken. Die zurückhaltend barocke Motive verwendende Zeichnung der Decke, die in hellgelben und gedämpft blauen Farben ausgemalt ist, lässt den Raum groß und frei erscheinen.

In der harmonischen Verbindung von Malerei und Raumarchitektur sowie in der Verbindung von Ausstattungselementen der Renaissance, des Historismus und einer Malerei, die dem Jugendstil und dem damals modernen Symbolismus nahe steht, gehört die große Halle in Schwöbber zu den wertvollsten und schönsten Saalarchitekturen im Weserraum.

Auch die angrenzenden Räume beeindrucken durch Werke der Malerei. In dem beim letzten Brand schwer zerstörten neobarocken Anbau sind es venezianische Motive, geschaffen in der Art des bekannten Malers Francesco Guardi, einem Hauptmeister der venezianischen Vedutenmalerei, die im Zeitalter des zu Ende gehenden Barock in England wie in Deutschland sehr beliebt war. Die Bilder wurden um 1923 in Würzburg für Schloss Schwöbber erworben.

Im Westteil des Teichflügels wurden die Räume, die an den großen Saal angrenzen, um 1921–24 im Stile des Rokoko und des Empire ausgestaltet. Sie blieben während des Brandes von 1992 unzerstört und wurden lange Jahre als Büroräume für den Golfclub genutzt. Nach ihrer Restaurierung dienen sie jetzt als festlich dekorierte Speisezimmer bei Hochzeiten und kleinen Empfängen.

In den anderen Räumen des Schlosses befinden sich neben weiteren Speisezimmern und dem Restaurant an der Dianaterrasse vor allem luxuriös eingerichtete Zimmer und Suiten für Hotelgäste. Im Untergeschoss des Mittelbaus wurde ein Weinkeller eingerichtet.

Außerhalb des Schlossbaus stehen die von Wangenheim entworfenen schönen Pavillonbauten mit ihrer beeindruckenden spätklassizistischen Inneneinrichtung für kleine Gruppen oder Veranstaltungen zur Verfügung. Zu ihnen geht man vom Schloss aus über den Hof und durch den Parterregarten, der nach den Jahrzehnten des Verfalls und der Vernachlässigung heute wieder den Besuchern ein ästhetisches Erlebnis vermitteln kann, das es in dieser Form nur sehr selten gibt.

Wer sich auskennt und bei Reisen viele Gärten auf der Welt gesehen hat, wird schnell erkennen, dass sich hier eine Anlage befindet, die mit der den Blick nach Osten begrenzenden großen Brunnenwand, der Pergola, der Rundtreppe im Nordteil und dem reichen Figurenschmuck ihre Vorbilder in Gärten der Toskana und des Latiums fand, d. h. in Gärten der italienischen Renaissance. Dieser Eindruck eines südlichen Ortes wird noch vermehrt, wenn ab dem Monat Mai Palmen, Aralien, Agapanthus und Fuchsien aufgestellt werden und Anfang Juni die Glyzinen an der Pergola blühen.

Die Bepflanzung des Parterregartens einschließlich des Pavillongartens am Schlossteich entspricht heute wieder weitestgehend dem Bild, das auf Betreiben Meyers und nach den Plänen Wangenheims ab 1925 entstand. Nach alten Fotos wurde die Bepflanzung an der Diana-Aktäongruppe mit ihren charakteristischen und für den Geschmack der 20er Jahre typischen Pflanzengruppen aus Funkien, Taglilien und Frauenmantel erneuert. Auch am Nischenbrunnen sind die in Töpfe gepflanzten Gruppen von Hortensien und Fatsien auf der Grundlage alter Fotos neu zusammengestellt worden.

Während der Parterregarten in den letzten Jahren trotz aller Vernachlässigung seine durch die geometrischen Strukturen vorgegebene Übersichtlichkeit bewahrt hatte und eine Restaurierung diesbezüglich verhältnismäßig leicht zur Ursprungsform zurückfinden konnte, war der Landschaftspark westlich und nordöstlich des Schlosses im Gesamtbild derart desolat und unübersichtlich, dass es kaum mehr möglich war, seine historische Struktur vor Sanierungsbeginn zu erkennen. Die Restaurierung in diesem Teil der Gärten von Schwöbber begann daher zunächst mit archäologischen Aufgrabungen im Bereich der ehemaligen Wegelinien, um gewährleisten zu können, dass die neu herzustellenden Wege möglichst genau der alten Wegelinie entsprachen.

Darüber hinaus war es unvermeidbar, den in mehr als 40 Jahren entstandenen Wildwuchs an Sträuchern und Kleinbäumen (Erlen, Eschen und Ahorn) im Park zurückzudrängen, damit die für den historischen Park ursprünglich typische und von Zeininger einst angestrebte Gliederung wieder deutlich werden konnte. Erst seitdem der

Ansicht des Gotischen Tores/Vorentwurfszeichnung, Planung 2002

Wildwuchs entfernt ist, wechseln daher wieder wie früher besonnte Freiflächen mit schattigen Partien, großräumige mit kleinräumigen Parkbereichen – d.h. so wie es die Planung in der Zeit Meyers vorsah. Zudem können jetzt wertvolle Gehölze wieder eine natürliche Entwicklung nehmen, die ihnen vorher durch den sie bedrängenden Wildwuchs verwehrt war. Nicht zuletzt ist durch die Entfernung wild entstandener Arten die Vielfalt der früheren Blickachsen wieder freigestellt worden. Da Landschaftsgärten sich dadurch auszeichnen, dass sie über Blickachsen Verbindungen mit der Landschaft aufnehmen und zugleich innerhalb des Parks über schmale und breite Sichten ein der Landschaft ähnliches, wenngleich idealisiertes, Gefüge aufgebaut wird, konnte somit erst durch die Beseitigung des Wildwuchses die früher typische Parkstruktur und Bedeutung sichtbar werden.

Nach der Entfernung des wild entstandenen Erlengürtels an der Beber ist heute auch der kleine Bach wieder weithin sichtbar und ein schönes Erlebnis für die Besucher. Im Bereich des Orangerieplatzes ist die dortige Flussmauer aus dem 18. Jahrhundert, die bereits in großen Teilen durch die Wurzeln der Erlen zerstört und in den Fluss gestürzt war, restauriert worden.

Brückenansicht am Mühlengraben (Planung)

Ahornwiese mit Schlossansicht/Planung 2002

Da sich von den einst angrenzenden Gebäuden der berühmten Orangerie kein einziger Stein erhielt und auch die Brücke zerfallen war, die einst den Übergang vom Pinetum her gebildet hatte, ließ Friedrich Popken an dieser Stelle einen neuen landschaftlich geformten Parkteil – den „Berggarten“ – schaffen.

In diesem Bereich sind aus Bodenaushub, der beim Bau der Tiefgarage und des Schwimmbades gewonnen wurde, niedrige Hügel entstanden, die partiell die Geländeformationen der Höhen von Multhöpen optisch nachbilden. Hierdurch scheint der neue Parkteil sich dort, wo keine Begrenzung nach Norden ins Auge fällt, bis zum Sophienhof und in das weitere Hügelland fortzusetzen.

Planungsskizze 2002

Mit den neugeschaffenen Sichtachsen zum Sophienhof ist es möglich geworden, den Blick der Besucher auf einen Park hinzulenken, den die Familie Münchhausen im 19. Jahrhundert schuf und der seit dieser Zeit ein historisches Ensemble mit der Anlage am Schloss bildet.

Eine weitere schöne Sichtachse führt vom „Felsenberg" am Gotischen Tor in südlicher Richtung über den Surprise hinaus zum Lüningsberg, dessen Waldflächen einst ebenso wie der Sophienhof zum Besitz der Münchhausens gehörten und inzwischen durch die Anlage von Golfbahnen am Waldrand eine parkähnliche Gestaltung gefunden haben. Um die historischen Zusammenhänge zwischen dem Park im Tal und dem oft sehr reizvoll gegliederten „Parkwald" des Lüningsberges zu verdeutlichen, ist im Jahr 2003 eine Lindenallee vom Park bis zum Wald führend als Verbindungselement gepflanzt worden.

Planungsskizze 2002

Da der Gartenteil westlich des Gotischen Tores einst Standort der großen Orangerie war und damit eine Architektur diesen Bereich bestimmte, schien es nicht sinnvoll, die Fläche des einstigen Orangeriegartens vollkommen in landschaftlicher Form zu gestalten, d.h. ohne jedes Element der Erinnerung, d.h. auch ohne ein Element der Erinnerung an den Besuch des Zaren von Russland, der 1716 der Orangerie in Schwöbber galt.

Aus diesem Grunde ist in die Gestaltung der Fläche nahe dem Gotischen Tor ein offener Pavillon eingefügt worden, der seit dem Jahre 2003 einem Denkmal für den Besuch des Zaren Peter I. von Russland einen schlichten architektonischen Rahmen gibt. Im Sommer umstehen den mit schönen Rosen bepflanzten Pavillon diverse Terrakotten mit Pflanzen aus den Subtropen, darunter die Ananaspflanze (Ananas comosus), deren Kultur Schwöbber im beginnenden 18. Jahrhundert, wahrscheinlich schon im späten 17. Jahrhundert, im Süden bis nach Nürnberg und im Norden bis Petersburg berühmt machte.

Auf den Pavillon führt eine Eibenallee zu, die daran erinnern soll, dass in der Zeit des Zarenbesuchs die empfindlichen Pflanzen jeweils in Alleen vor der Orangerie ihre Aufstellung fanden. Die geschnittenen Eibenkegel geben das Interesse der Barockzeit am Pflanzenschnitt wieder, der auch bei Citrusgewächsen angewandt wurde, von denen es damals in Schwöbber große Stückzahlen gab.

In unmittelbarer Nähe des Gotischen Tores und am Beginn eines Steinweges, der zur Höhe des Felsenberges führt, stellt eine niedrige im rechten Winkel erbaute Mauer die einstige Eckausbildung des Orangeriegebäudes dar.

Durchschreitet man das Gotische Tor in Richtung Osten, so führt der Weg zunächst durch ein Ahornwäldchen, das um 1922 angelegt wurde. Von hier aus gelangt man auf einem langen von Zeininger geplanten Rundweg am Ufer des Schlossteiches entlang zum Bootshaus.

Der heute am Bootshaus von der großen Promenade im rechten Winkel nach Süden abbiegende Weg ist in seiner Geradlinigkeit ein Hinweis auf den ehemaligen geometrisch gestalteten Blumengarten der Barockzeit, der ein schlichtes Viereck mit Seitenlängen von ca. 60 x 60 Metern bildete. Der vom Bootshaus zum Schloss führende Weg war die östliche Begrenzung des Gartens, während die heutige Ost-West-Promenade die nördliche Grenze darstellte. Wie der von Otto von Münchhausen vor 1710 persönlich gezeichnete Plan zeigt, wurde der Blumengarten von zwei Längsachsen durchschnitten, die jeweils parallel zur Promenade verliefen und in einem Fall einen Graben oder eine kurzen gemauerten Kanal bildeten, der seinen Zulauf vom Mühlengraben erhielt und in den Schlossteich mündete.

Als im Jahre 2003 die Parkrestaurierung sich auch mit diesem Gartenteil zu befassen hatte, wurde der ehemalige Randweg im Osten und vor allem der schmale – damals völlig mit Erlengehölz zugewachsene – Graben wieder freigelegt, der allerdings nicht mehr die ovale Aufweitung der Barockzeit aufwies. Es wird vermutet, dass das Oval während der landschaftlichen Umgestaltungen des späten 18. Jahrhunderts beseitigt wurde, als man auch den Blumengarten aufgab.

Im Zuge der Parkrestaurierung sind die ehemaligen Stützmauern des Grabens von Erlenwuchs befreit und wiederaufgebaut worden. Ebenso wurde die vom Einsturz bedrohte Bastion am Teichrand wiederhergestellt, die wahrscheinlich ebenso wie der Graben in der Barockzeit entstand.

Betritt man heute diesen Gartenteil, der für die Familie von Münchhausen im 17. Jahrhundert die eigentliche Gartenmitte darstellte, wird man zwar als Besucher nicht sogleich die Geschichte dieses Areals erfassen und nachvollziehen können. Zieht man jedoch die alten Karten zum Vergleich heran, so wird vor allem beim Blick über die lange Gerade des so genannten Tönniesgrabens deutlich, dass der Garten auch an diesem oft veränderten Ort Spuren seiner ältesten Vergangenheit behielt. Am Bootshaus sind es mehr als 300 Jahre Gartengeschichte in Schwöbber, die man überblickt.

LITERATUR

ALFTER, D., GRIEP, W. u.a.: Zar Peter der Große. Die zweite große Reise nach Westeuropa 1716–1717, Hameln 1999

BACHMANN, Erich: Anfänge des Landschaftsgartens in Deutschland In: Zeitschrift für Kunstwissenschaft, 1951

BOECK, Wilhelm: Alte Gartenkunst, Eine Kulturgeschichte in Beispielen, Leipzig 1939

BÖGER, F.: Peter der Große in Pyrmont, in: der Pyrmonter Kurgast, 1914

BRANDT, S. / Gaal, E. / Blank, H. / Pfeifer, J.: Gartendenkmalpflegerisches Gutachten Schlosspark Schwöbber, Hannover, 1988

BUTTLAR, Adrian von: Der Landschaftsgarten, Köln 1989

BÜHRING, J.: Zur Polychromie der Renaissancefassaden in Hameln In: Niedersächsische Denkmalpflege 6, 1965–69

BÜHRING, J.: Die Kunstdenkmäler des Landes Niedersachsen, Landkreis Hameln-Pyrmont, Hannover 1975

BÜHRING, J. : Festung und Schloss Pyrmont, Pyrmont 1978

CONTINUATION der Nürnbergischen Hesperidum, Nürnberg 1714, Kap. 7 u. 8

DEHIO: Handbuch der Kunstdenkmäler, Niedersachsen, Bremen Bearb. V. G. Kiesow, H.C. Hoffmann, R. Poppe u.a.

EUSKIRCHEN, C.: August Thyssen und Schloss Landssberg, Forschungsprojekt der Fritz Thyssen Stiftung, Universität Köln, Kunsthistorisches Institut, 2002

GÖTTE, R.: Pyrmonts Vergangenheit, Pyrmont 1967

GROßMANN, Ulrich G.: Renaissance entlang der Weser, Köln 1989

HIRSCHFELD, C.C.L.: Theorie der Gartenkunst, 5 Bde. Leipzig 1785

HIRSCHFELD, C.C.L.: „Gartenkalender auf das Jahr 1785“, Altona, Dessau 1786, Verkaufsliste Schwöbbers in Gartenkalender, 2. Jg. 1783

JÜRGENS, Renate: Malerei und Plastik im Bereich der Weserrenaissance, München 1989

KREFT, Herbert u. Soenke:, Jürgen: Die Weserrenaissance, Hameln 1964

KEMPEN, Wilhelm von: Schlösser und Herrensitze in Niedersachsen, Frankfurt 1960

KIRSCH, Rolf: Frühe Landschaftsgärten im norddeutschen Raum, Göttingen 1988
KÖHLER, Marcus: Der Landschaftsgarten Schwöbber, Berlin 1990
KIESOW, Gottfried: Weserrenaissance. Einführung zum Katalogteil, In: Kunst und Kultur im Weserraum, Münster 1966
LÜBKE, Wilhelm: Geschichte der Renaissance in Deutschland, Stuttgart 1870
LÜCKE, Heinrich: Schloss Schwöbber im Wandel der Zeiten, Clausthal Zellerfeld 1969
LOUDON, John Claudius: Encyclopedia of Gardening, London 1823
MAIER, Conrad: Die Wende in der Baukunst des 16. Jahrhunderts im Weserraum In: Kunst und Kultur im Weserraum, Münster 1966
MAIER, CONRAD: Putz und Farbe der Renaissancebauten im Gebiet der Oberen Weser. Bemerkungen zur gleichnamigen Dissertation Ernst Pfänders, in: Niedersächsische Denkmalpflege 6; 1965–1969, 1970
MASSIE, Robert K. Peter der Große, Anthenaeum Verlag, Bodenheim 1986
MEINARDUS, O. u. FINK, E. Urkundenbuch des Stiftes und der Stadt Hameln, Hannover 1887
MENKE, Karl Theodor: Pyrmont und seine Umgebungen, Pyrmont 1818
MÜNCHHAUSEN, Albrecht von: Geschlechtshistorie des Hauses derer von Münchhausen von 1740 bis auf die neueste Zeit, Hannover 1872
MÜNCHHAUSEN, Börries von: Geschichten aus der Geschichte einer alten Geschlechtshistorie, Reclam, Leipzig 1934
MÜNCHHAUSEN, B. von u. STÖLTING, G.: Die Rittergüter der Fürstentümer Calenberg, Göttingen und Grubenhagen, Hannover 1912
MEYER, Rudolf und Alfred: Schwöbber, Schwöbber 1929
MILLS, John: Vollständiger Lehrbegriff der praktischen Feldwirtschaft, 5 Bde., Leipzig 1764–67
MILLER, Philipp: The Gardeners Dictionary, London 1760
MÖBIUS, Martin: Geschichte der Botanik von den ersten Anfängen bis zur Gegenwart, Stuttgart 1968
NONN, Schloss Schwöbber bei Hameln an der Weser, in: Zentralblatt der Bauverwaltung, 1927, Nr. 9
NIEMEYER, B. STEINACKER, K., NEUKIRCH, A.: Renaissanceschlösser Niedersachsens, Hannover 1914–1939
NEUKIRCH, A: Hamelner Renaissance, Hameln 1950
ORLANDI, Lorenzo : Peter der Große u. seine Zeit, Vollmer 1968

PFÄNDER, Ernst: Putz und Farbe der Renaissancebauten im Gebiet der Oberen Weser, Diss. Hannover 1957
PYRMONTER BRUNNENARCHIV 1782, Pyrmont
RENAISSANCE IM WESERRAUM: Ausstellungskatalog des Weserrenaissancemuseums, Schloss Brake, München 1989
SEEDORF, W. Otto v. Münchhausen als landwirtschaftlicher Schriftsteller, Göttingen 1905
SIEBERT, Walter: 400 Jahre Schloss Schwöbber, in: Niedersachsen Jg. 1970
SPILCKER, B. C. v.: Histographisch-topographische Beschreibung der Königlichen Residenzstadt Hannover, Hannover 1819
STANGE, Alfred: Die deutsche Baukunst der Renaissance, München 1926
STRAß. K.: Heinrich: Pyrmont und dessen Umgebungen, Pyrmont 1850
TRAUPE, Jürgen: Schwöbbers Schlossgarten..., in: DEWEZET, 14.7.1990
TREUER, Gottlieb Samuel, Gründliche Geschlechtshistorie der Herren von Münchhausen, Göttingen 1740
TSCHIRA, Arnold: Orangen- und Gewächshäuser, Berlin 1939
TUTE, H. Joachim: Gutachten zur Planung und Wiederinstandsetzung der Parkanlage Schwöbber, Hildesheim 2002
TUTE, H. Joachim: Gutachterliche Untersuchungen zu den Auswirkungen des Golfbetriebs im Schlosspark Schwöbber, Hildesheim 2002
WANGENHEIM, F. A. J. von: Beiträge zur Teutschen Forstwissenschaft, die Anpflanzung nordamerikanischer Gehölze betreffend, Göttingen 1787
WENGEL, Tassilo: Gartenkunst im Spiegel der Zeit, Frankfurt / Main 1985
WILLIAM, Robert: Rural economy and the antique in the English Landscape Gardening, in: Journal of Garden History, vol. 7, No 1, 1987
WITTRAM, Reinhard: Peter I. Czar und Kaiser, Peter der Große in seiner Zeit, Göttingen 1964
ZEDLER: Universallexikon aller Wissenschaften und Künste, Leipzig und Halle, 1743

BILDNACHWEIS

FARBBILDER:

Albrecht, Hameln: Titelseite, S. 18, 19, 20, 21, 23, 42, 43, 61, 62, 63, 68, 69, 85, 89, 92, 95

Seekamp, Bremen : S. 13, 16, 17, 22, 24, 37, 38, 39, 40, 41, 44, 45, 46, 47, 48, 64, 65, 66, 67, 70, 71, 86, 87, 88, 90, 93, 94, 96

Tute, Hildesheim: S. 14, 15, 72, 91

SONSTIGE ABBILDUNGEN

Soweit nicht im Text erläutert:

Seite 31: Park in Utrecht, Gem. v. Boucheron, aus: Gärten, Miles Hadfield

Seite 51: Peter der Große, Staatsarchiv Wolfenbüttel

Seite 78: Schwöbber um 1863, Landesarchiv Hannover

Seite 97: Zeichnung Wangenheim, Archiv Brandt / Gaal, Hannover

Seite 102: Luftbild Schwöbber, Archiv Gemeinde Aerzen

Seite 111: Unbek. Zeichner, Archiv Gem. Aerzen

Seite 114: Zeichnung Verfasser

Seite 115: Zeichnung Verfasser

Seite 116: Zeichnung Verfasser

Seite 117: Zeichnung Verfasser

Seite 118: Zeichnung Verfasser

Seite 119: Zeichnung Verfasser

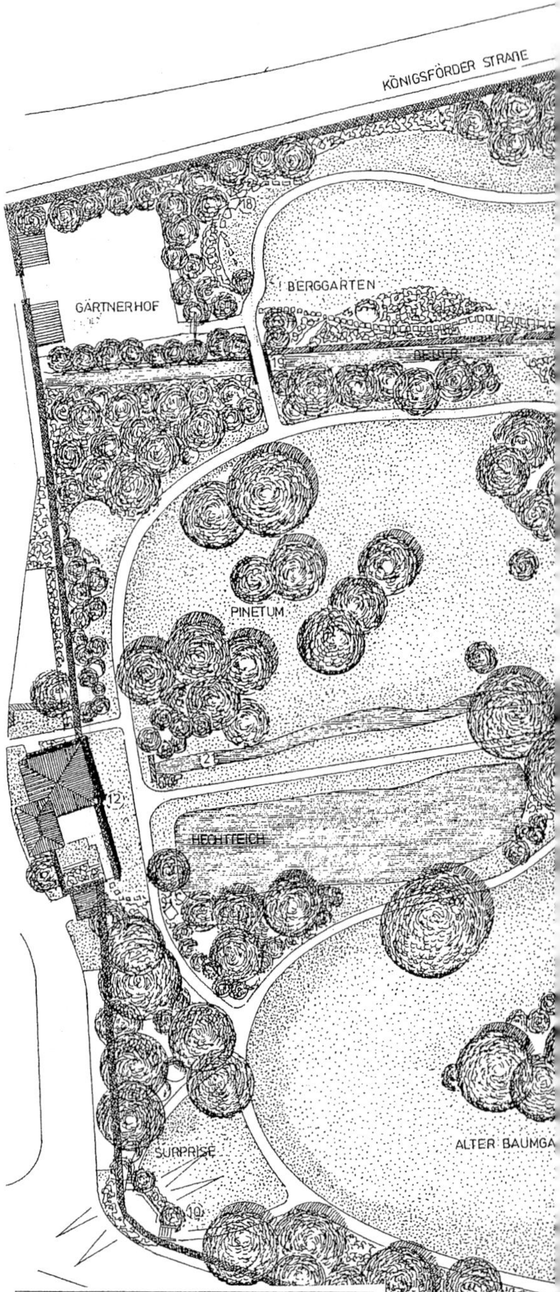
KÖNIGSFÖRDER STRAßE
18
GÄRTNERHOF
BERGGARTEN
PINETUM
2
12
HECHTTEICH
SURPRISE
10
ALTER BAUMGA

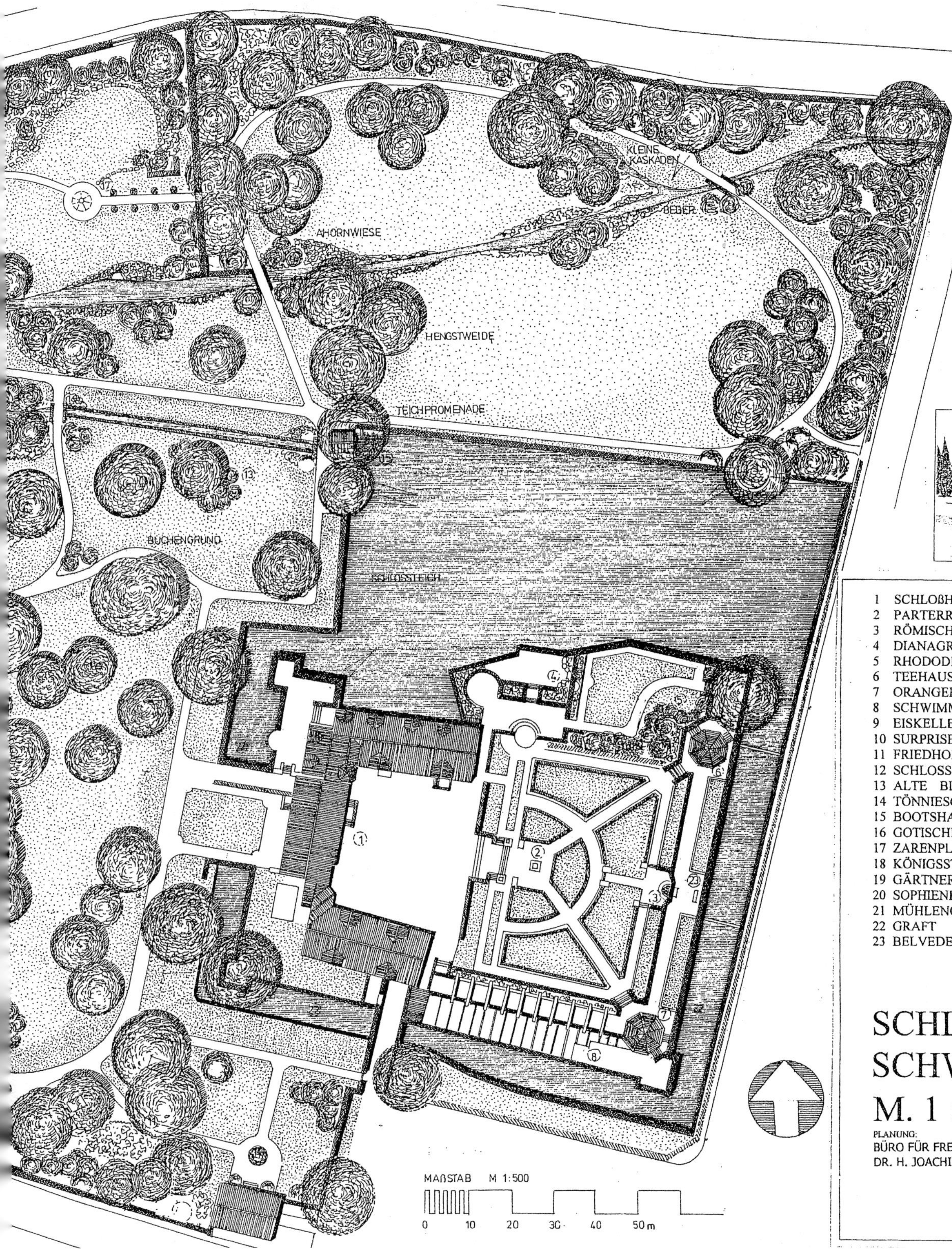

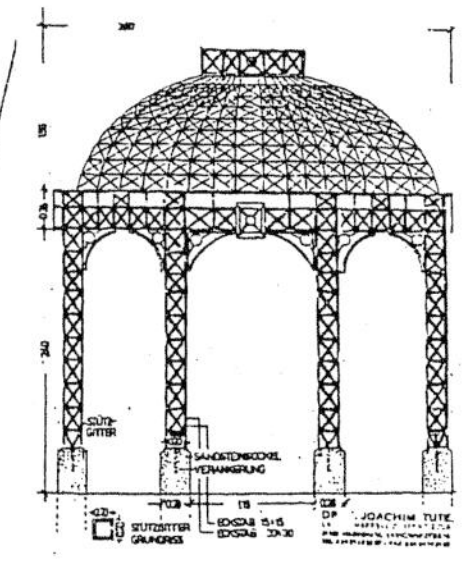

1 SCHLOßHOF
2 PARTERREGARTEN
3 RÖMISCHER BRUNNEN
4 DIANAGROTTE
5 RHODODENDRONGARTEN
6 TEEHAUS
7 ORANGERIEPAVILLON
8 SCHWIMMBADTERRASSE
9 EISKELLER
10 SURPRISE
11 FRIEDHOF
12 SCHLOSSMÜHLE
13 ALTE BLUMENGAERTEN
14 TÖNNIESGRABEN
15 BOOTSHAUS
16 GOTISCHES TOR
17 ZARENPLATZ
18 KÖNIGSSTUHL
19 GÄRTNERBRÜCKE
20 SOPHIENBRÜCKE
21 MÜHLENGRABEN
22 GRAFT
23 BELVEDERE

SCHLOßPARK SCHWÖBBER

M. 1 : 500

PLANUNG:
BÜRO FÜR FREIRAUMPLANUNG
DR. H. JOACHIM TUTE, Hildesheim